ScottForesman

La Catrina

David Curland
Luis Verano
University of Oregon
Eugene, Oregon

32

SIMON FRASER UNIVERSITY
W.A.C. BENNETT LIBRARY

ScottForesman

Editorial Offices: Glenview, Illinois

Regional Offices: San Jose, California • Atlanta, Georgia
Glenview, Illinois • Oakland, New Jersey • Dallas, Texas

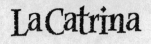
Episodio 1

ANTES DEL VIDEO

Resumen

• •

Jamie González vive en Los Ángeles, California, donde estudia
español en Northgate High School. Es el último día de clases y
también su último año de la escuela secundaria. En el otoño va
a asistir a UCLA, pero antes, Jamie y otro estudiante de español
van a pasar el verano en México. Ellos van a vivir con familias
mexicanas. Los dos quieren conocer el país y hablar mucho
español pero Jamie tiene una misión adicional: informarse de
la vida y muerte de su bisabuela, doña Josefa de González,
también conocida como La Catrina. Aunque Jamie no lo sabe,
hay otras personas de Querétaro con un gran interés en La
Catrina y en la llegada de Jamie a la ciudad. Por la confusión
con su nombre, la familia mexicana con quien va a vivir Jamie
cree que ella es un muchacho.

Vocabulario

abuelo, -a	el padre o la madre de su padre o madre
apellido	El **apellido** de Jamie es González. El de Philip es Armstrong.
beca	Jamie recibió una **beca** de una organización. Por eso tiene bastante dinero para ir a México.
bisabuelo, -a	Doña Josefa, la **bisabuela** de Jamie, era la abuela de su padre, el señor González.
cambiar	Para **cambiar** un cheque a dinero en efectivo, hay que ir al banco.
parecerse a	Físicamente Jamie **se parece a** su bisabuela.
Querétaro	una ciudad al norte de la Ciudad de México
regla	Jamie y Felipe tienen que obedecer la **regla:** hablar sólo español.

Frases importantes

pasar el verano	Jamie va a estar en México durante todo el verano; va a **pasar el verano** allí.
es de Los Ángeles	Jamie viene de Los Ángeles; **es de** allí.
llegar a tiempo	Los trenes tienen la reputación de llegar tarde. No **llegan a tiempo.**
nuestra casa es tu casa	Una manera de dar la bienvenida a alguien cuando entra en su casa.

Para pensar antes de mirar

Discuss with other students the following themes:

1. If you could travel with some friends to any part of the Hispanic world on an exchange program, where would you like to go? What is it that appeals to each of you about the place you choose?

2. Do you have photographs of your grandparents, great-grandparents, or great-great-grandparents? Do you or your parents resemble any of them? In what ways? What types of differences in appearance are there from generation to generation? Do you know the last names of several generations in your family?

La Catrina

Episodio 1

DESPUÉS DEL VIDEO

¿Viste bien?

A. Look at the following photos of people who appeared in Episodio 1 of *La Catrina*. From the list below choose the name for each person pictured and write it under the corresponding photo.

Carlos Navarro	Demetrio Alcocer	Jamie González	La Catrina
Tomás Navarro	Marta Navarro	Felipe Armstrong	Santana

_____

_____

_____

_____

_____

_____

_____

_____

B. Draw lines to connect the photos below with the statement that corresponds to each person.

1. Es la madre de Carlos.

2. Está muerta.

3. Quiere información sobre Jamie.

4. Lo está esperando el señor Gómez.

5. Tiene un cuarto muy pequeño.

6. Insiste en hablar español.

7. Conduce el coche con su familia a la estación de tren.

8. Observa a Jamie y a Felipe en el tren.

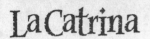
Comprensión

A. Look at the following scenes from *La Catrina*. Circle the number of the statement that corresponds to each photo.

1. "Aquí está Querétaro, un poco al norte de la capital."

2. "La familia de Felipe es de esta parte del país."

3. "Mi mamá es de Puerto Rico y mi papá, de México."

1. "Mira, Felipe, ¡el acueducto!"

2. "Jamie . . . se parece mucho a ti."

3. "A veces me gusta vestirme a la antigua."

1. "Buenos días, soy Felipe Armstrong."

2. "Pero también quiero conocerte mejor a ti."

3. "¡Paciencia, Jamie! Los trenes nunca llegan a tiempo."

1. "Hasta luego, Jamie."

2. "Mucho gusto, Jaime . . . digo, Jamie."

3. "Soy Felipe y me alegra mucho conocerte."

B. Circle the letter of the appropriate ending for each sentence that expresses what happened in the video.

1. Jamie González y Felipe Armstrong

   a. son mexicanos y vuelven a Querétaro después de pasar algún tiempo en los Estados Unidos.

   b. son de los Estados Unidos y llegan a Querétaro para estudiar en un programa de intercambio este verano.

   c. son de los Estados Unidos y llegan a Querétaro para visitar a sus familias, que ahora viven en México.

2. La señora Navarro, el señor Navarro y su hijo Carlos

   a. creen que Jamie se llama Jaime pero saben que es una chica.

   b. creen que Jamie se llama Jaime y que es un chico.

   c. no saben cómo se llama Jamie ni quién es porque esperan a Felipe Armstrong.

3. En el tren, Felipe Armstrong le dice a Jamie

   a. que él está en México para hablar mejor español y nada más.

   b. que él está en México para conocer el país y para ver los acueductos.

   c. que además de estar en México para conocer el país y para hablar mejor español, también quiere conocerla a ella.

4. La Catrina

   a. es el nombre de la señora Navarro.

   b. es el nombre de la abuela de Jamie.

   c. es el nombre de la bisabuela de Jamie.

5. La palabra "catrina"

   a. es solamente un nombre y no significa nada más.

   b. además de ser un nombre, es una palabra antigua y significa una mujer que tiene mucho dinero.

   c. es una palabra que Jamie inventó para confundir a Felipe.

6. Cuando Jamie le muestra una foto de La Catrina a Felipe,

   a. él piensa que se parece a Jamie.

   b. él piensa que se parece a su madre.

   c. a él no le interesa y no la mira mucho.

7. En la Biblioteca Central

   a. Demetrio tiene unos libros con información sobre La Catrina.

   b. Demetrio tiene una foto de Jamie.

   c. Demetrio tiene una foto de La Catrina que es igual a la que Jamie le mostró a Felipe en el tren.

Práctica de palabras

Below are several quotes that have a missing word in each one. Choose the correct word from the list and write it in the appropriate blank.

conocer	de	los	nombre	nuestra	nuestro
parece	quiero	serio	tierra	último	

1. "¿Jamie? ¡Pero Jai-me es . . . _____ de muchacho!"

2. "Mañana es mi _____ día de clases."

3. "Llegamos a la _____ de mi bisabuela."

4. "No estoy hablando en _____ , mamá."

5. "Éste es _____ hijo Carlos."

6. " _____ muchachos ya están aquí."

7. "Bueno, Jamie, _____ casa es tu casa."

8. "Estamos aquí para _____ México."

9. "Jamie . . . se _____ mucho a ti."

10. "Pero también _____ conocerte mejor a ti."

11. "Es _____ Los Ángeles, pero su padre nació aquí, en Querétaro."

Para escribir

Imagine that you are Jamie González and that the day after you arrive in Querétaro, you receive the following note from Felipe Armstrong. Read the note and write an answer in Spanish to Felipe.

Querida Jamie:

Quiero verte lo más pronto posible. Ya sabes que no sólo vine a Querétaro para conocer México y hablar español sino porque también quiero conocerte a ti. Tengo que verte inmediatamente porque estoy muy solo sin mi familia y mis amigos. Por favor ven a verme.

Felipe

Now write your answer in Spanish here:

_____

_____

_____

_____

_____

_____

_____

_____

_____

_____

_____

_____

_____

_____

_____

_____

_____

La Catrina

Predicciones

Discute con un(a) compañero(a) las razones por las que tú crees que Demetrio Alcocer (el director de la Biblioteca Central de Querétaro) y Santana (el hombre misterioso que observa a Jamie y a Felipe en el tren) tienen tanto interés en Jamie. Aquí hay una lista de varias posibilidades. Escoge la que te parezca más lógica.

Demetrio Alcocer y Santana tienen interés en Jamie porque

1. quieren dinero.
2. quieren darle a Jamie un trabajo.
3. quieren darle información para ayudarla.
4. quieren darle dinero.
5. están enamorados de ella.
6. ella tiene un secreto que ellos quieren.
7. ella tiene un objeto que ellos quieren.
8. Alcocer es en realidad el padre de Jamie.

Después de tomar la decisión en grupo, escriban Uds. su respuesta en una hoja de papel y discutan lo que creen que va a pasar. Escriban sus ideas en la misma hoja y después pónganla en un sobre y ciérrenlo. Uds. pueden abrir el sobre después de ver el Episodio 10, para que la clase pueda ver qué grupo se acercó más a la verdad en sus predicciones.

NOTA CULTURAL

Querétaro

Querétaro es la capital del estado de Querétaro, al norte de la Ciudad de México. Es una ciudad con importancia histórica, ya que ahí Ignacio Allende y Miguel Hidalgo comenzaron la lucha de Independencia de España. La ciudad es importante porque también fue la capital de México durante un año, en 1847. En 1867 fue fusilado Maximiliano, el emperador francés en México durante la invasión francesa.

Por sus parques y su arquitectura colonial, hoy Querétaro tiene sabor de ciudad pequeña, aunque en los últimos años ha crecido en población y en industria. Mucha gente de la Ciudad de México va de vacaciones a Querétaro, porque además de estar cerca, es una ciudad muy tranquila.

Vocabulario de la Nota Cultural

lucha	*fight*
fue fusilado	*was executed*
ha crecido	*has grown*

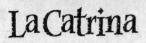
Episodio 2

ANTES DEL VIDEO

Resumen

• •

El padre y la madre de Carlos insisten en que Jamie no puede quedarse en su casa. No quieren un escándalo. Pero ¿dónde va a vivir Jamie? Encuentran la solución: en la casa de sus amigos, los Linares. Es una familia con una hija, María, que es muy amiga de Carlos y es de la misma edad que Jamie. Al día siguiente, Jamie acompaña a María cuando asiste a la escuela.

Mientras tanto, en la Biblioteca Central de Querétaro, Demetrio Alcocer, el director, habla con el detective Santana y le dice que tiene que seguir con su trabajo de vigilar a Jamie. Al mismo tiempo, frente a la casa de los Linares, un coche pasa despacio: es el de don Silvestre Aguilar, hombre importante de la región y candidato para el Congreso.

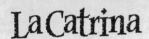

Vocabulario

quedarse — Al llegar a Querétaro, Jamie pasa la primera noche en la casa de los Navarro, pero no puede **quedarse** allí. Tiene que ir a otra casa.

asistir — María es estudiante en una escuela preparatoria y **asiste** a sus clases.

edad — Jamie y María tienen 18 años. Las dos son de la misma **edad.**

mostrar — María quiere **mostrar**le a Jamie su escuela. En la biblioteca Demetrio le **muestra** a Santana una foto.

Frases importantes

tener que — María **tiene que** asistir a sus clases. Santana **tiene que** seguir con su trabajo.

mientras tanto — María y Jamie están en la escuela y **mientras tanto** (al mismo tiempo) Demetrio y Santana están en la biblioteca.

Para pensar antes de mirar

Discuss with other students the following themes:

1. If a foreign exchange student came to stay at your home for the summer, would you prefer that person to be a male or a female? Explain the reasons for your preference.

2. Is there a mysterious person you know or have heard of? Try to figure out why he or she seemed that way.

3. Do you do the same thing every day after school or do your activities change on different days of the week? Discuss your activities after each school day.

DESPUÉS DEL VIDEO

¿Viste bien?

A. The following photographs include several characters who are new in this episode and others who were introduced in Episodio 1. Identify those who are new and those you already know and write the correct name from the list under each person's picture.

Demetrio Alcocer	don Silvestre Aguilar	Carlos Navarro	La Catrina
Paco Aguilar	María Linares	Jamie González	el señor Navarro
la señora González	la señora Navarro	Santana	Felipe Armstrong

_____

_____

_____

_____

_____

_____

_____

_____

_____

_____

_____

_____

B. Below is a list of eighteen statements that fit the people in the photographs. There are three statements for each person. Write in each box the number of the statement that belongs to each individual.

□ □ □

□ □ □

□ □ □

□ □ □

□ □ □

□ □ □

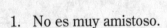

1. No es muy amistoso.

2. Lleva anteojos.

3. Tiene bigote.

4. Es hijo de don Silvestre.

5. Es el padre de Paco.

6. Ahora vive con María.

7. Su foto está a la izquierda de la de Carlos.

8. Su foto está debajo de la de Jamie.

9. Saluda a Paco en la escuela.

10. Ahora vive con Jamie.

11. Es de la familia Navarro.

12. Es político.

13. Saluda a María en la escuela.

14. No es de México.

15. Fue con sus padres a la estación de tren a recibir a Jamie.

16. Su clase favorita es Inglés.

17. Tiene un mensaje de María en la contestadora.

18. Trabaja en la biblioteca.

La Catrina

Comprensión

A. In each of the following groups of sentences there are two that are true and one that is false. Circle the letters of the two true sentences in each group.

Grupo 1

    a. Los padres de Carlos creen que Jamie debe cambiar de casa.

    b. Carlos cree que sus padres deben ser un poco más flexibles.

    c. Jamie insiste en quedarse en la casa de Carlos.

Grupo 2

    a. María está estudiando inglés, historia y matemáticas.

    b. María piensa que la clase de inglés es fácil.

    c. Jamie piensa que María habla bien el inglés.

Grupo 3

    a. Jamie dice que en su país hay deportes después de las clases.

    b. María dice que le gusta la natación.

    c. María dice que en Querétaro nunca van al cine o a bailar.

Grupo 4

    a. Paco es el hijo de don Silvestre Aguilar.

    b. Don Silvestre está en el Congreso.

    c. Don Silvestre pasa por la casa de los Linares con su chofer.

B. For each of the following questions, pick one element from each of the two columns below and put them together to form an appropriate answer.

Su actividad favorita	con Demetrio, el director de la biblioteca.
Es un hombre	que la casa no es tan pequeña.
María Linares	porque puede causar escándalos.
Va a hablar	es de color café.
La casa	va a la escuela y estudia inglés.
No, Carlos cree	es el vólibol.
Jamie tiene que cambiarse	muy importante y muy rico.

1. ¿Por qué tiene que cambiar de casa Jamie?

   _____

2. ¿Está de acuerdo Carlos en que la casa es muy pequeña?

   _____

3. ¿Qué hace la hija de la familia Linares?

   _____

4. ¿Qué es lo que más le gusta hacer a Jamie después de las clases?

   _____

5. ¿Quién es don Silvestre Aguilar?

   _____

6. ¿Con quién va a hablar Santana?

   _____

7. ¿De qué color es la casa que tiene el número 40?

   _____

La Catrina

Nombre _____

Fecha _____

Video Workbook

Práctica de palabras

Below are several quotes that have a missing word. Choose the correct word
from the list and write it in the appropriate blank.

algo	candidato	ciudad	después
hablando	natación	nuestra	otra

1. "A mí me gusta la _____ ."

2. "Jamie tiene que irse a _____ casa."

3. "También quiere saber _____ sobre su bisabuela."

4. "Estaba _____ por teléfono con María."

5. "Tenemos deportes o clubes _____ de las clases."

6. "¿Qué te parece nuestra _____ ?"

7. "Ahora es _____ para el Congreso."

8. "Tenemos que hablar con una familia que es amiga

   _____ ."

Nombre _____

Fecha _____

Para escribir

Imagine that your exchange program has given you the name of a family
with whom you will be staying while in the country you have chosen.
Invent a last name for the family and write them a short note in Spanish
to tell them something about yourself and to let them know that you are
looking forward to meeting them soon.

_____

_____

_____

_____

_____

_____

_____

_____

_____

_____

_____

_____

_____

_____

_____

_____

_____

_____

_____

_____

_____

_____

_____

_____

La Catrina

Episodio 2

Predicciones

A. Al final del Episodio 3, don Silvestre Aguilar tiene una conversación en la que dice que Demetrio Alcocer tiene un documento que dice algo sobre Jamie. Adivina de cuál de las posibilidades siguientes trata el documento.

1. Dice que Jamie ha cometido un crimen.

2. Dice que Jamie sabe algo sobre don Silvestre.

3. Dice que Jamie es dueña de las propiedades de don Silvestre.

4. Dice que Jamie es de la familia de don Silvestre.

5. Dice que Jamie es espía de los Estados Unidos.

6. Dice que Jamie no tiene visa y tiene que volver a su país.

B. En el Episodio 3 Jamie va a comprar una prenda de vestir. Adivina qué clase de prenda es y de qué color es.

NOTA CULTURAL

Una Catrina

En México, "catrina" es un apodo humorístico que se refiere a una mujer rica. El gran artista Diego Rivera incluye la figura de una catrina en su famoso mural, *Sueño de una tarde dominical en la Alameda Central*. La catrina de Rivera está basada en una calavera grabada por José Guadalupe Posada, su maestro, conocido por las figuras de esqueletos que diseñó para muchos libros. En el mural vemos al lado de la figura a un niño que representa al mismo Diego Rivera. Gracias en parte a este mural, la palabra "catrina" es usada hoy en día en todo México.

Vocabulario de la Nota Cultural

apodo	*nickname*
calavera	*skull*
grabada	*engraved*
Sueño de una tarde dominical en la Alameda Central	*Dream of a Sunday Afternoon at the Alameda Central*

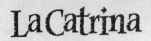
Actividad especial

Imagine that you have been given a scholarship to attend a summer exchange program in a Latin American country. The program allows you to register for three of the following courses. Choose the three courses that you would like to take. Explain why you want to take them.

1. Español de segundo nivel

2. Español de tercer nivel

3. Español de cuarto nivel

4. Historia de América Latina

5. Geografía de América Central

6. Geografía de América del Sur

7. Panorama de la Literatura Hispanoamericana Moderna

8. Panorama de la Literatura Hispanoamericana Colonial

9. Español para Negocios y Finanzas

10. Civilizaciones Indígenas de América Latina

11. Gramática Española — nivel intermedio

12. Gramática Española — nivel avanzado

13. Zoología Tropical

14. Estudios del Medio Ambiente

15. Zonas Agrícolas del Trópico

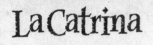

Episodio 3

ANTES DEL VIDEO

Resumen

• •

Por la mañana Jamie y María van a El Arcángel, el restaurante de la familia Navarro. Carlos las encuentra allí y los tres toman el desayuno. Jamie prueba los chilaquiles, una especialidad de la casa. Esa tarde visitan la Casa de la Corregidora. Ella fue muy importante en Querétaro durante el movimiento de independencia de México.

El propietario de una tienda de antigüedades le informa a Jamie dónde puede obtener más información sobre su bisabuela. Al día siguiente visitan San Miguel de Allende, donde Jamie hace algunas compras de ropa. Después, mientras Jamie, María y Carlos comen en el restaurante del Hotel la Jacaranda, don Silvestre Aguilar, el dueño, sentado en una mesa cercana, habla nerviosamente con sus ayudantes sobre un testamento.

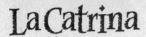
Vocabulario

sabroso, -a   Estos chilaquiles son muy **sabrosos**. Quiero comerlos.

antigüedades   Las cosas nuevas son novedades; las cosas antiguas que tienen valor son **antigüedades**.

obra   El resultado del trabajo de un pintor o un escritor es una **obra**; la novela *Don Quijote* es una **obra** de Cervantes.

testamento   Documento legal con que una persona, después de su muerte, deja sus posesiones a un(a) amigo(a) o familiar.

heredero, -a   Persona a quien alguien que se muere le deja todas sus posesiones.

Frases importantes

¿En qué puedo servirle?   Una frase que los vendedores dicen a los clientes cuando entran en una tienda; es equivalente a *May I help you?*

te ves muy bien   Tener buena apariencia. A alguien que se pone ropa bonita se le puede decir: **"Te ves muy bien."**

Para pensar antes de mirar

Discuss with other students the following themes:

1. If you were going to spend the summer in another country, how much clothing would you take with you? Would you consider taking only a few of your things and buying some of the clothing you need after you arrive there? Think about a country where you would like to go. Make one list of the clothing you would take and another of the clothing you would buy there.

2. Here is a list of various types of stores. Which ones would you like to visit if you were in another country? Why?

Tienda de artesanías	Tienda de automóviles
Librería	Heladería
Tienda de antigüedades	Tienda de ropa
Zapatería	Tienda de artículos de cocina
Tienda de artículos deportivos	Perfumería

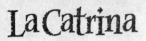
DESPUÉS DEL VIDEO

¿Viste bien?

A. The following photos are of various places seen in Episodio 3. Choose
the name of each place from the list and write it under the correct photo.

El Arcángel (el restaurante de la familia Navarro)	San Miguel de Allende
La Casa de la Corregidora	La tienda de ropa

_____

_____

_____

_____

B. Match the names of the following characters that appeared in this episode with one item of clothing that they were wearing:

_____ Don Silvestre   a.   Una blusa nueva de color blanco

_____ María   b.   Una camisa roja

_____ El señor Navarro   c.   Una camisa de cuello de tortuga blanca

_____ Jamie   d.   Una boina _(a beret)_

_____ El anticuario   e.   Pantalones cortos blancos

_____ Carlos   f.   Una corbata

Comprensión

A. Write the letter V _(verdad)_ for those statements that are true and the letter F _(falso)_ for those that are false.

_____ 1. Carlos dice que su padre cocina muy bien.

_____ 2. Jamie prueba los chilaquiles por primera vez.

_____ 3. En el restaurante El Arcángel, los chilaquiles se sirven con frijoles.

_____ 4. Jamie quiere los huevos fritos.

_____ 5. A Carlos no le gusta la papaya.

_____ 6. Durante la guerra de la Independencia de México, la Corregidora ayudó a los líderes mandándoles mensajes secretos.

_____ 7. Jamie y Carlos no compran nada en la tienda de antigüedades.

_____ 8. Los números de talla de ropa son iguales en los Estados Unidos y en México.

_____ 9. María usa su tarjeta de crédito para pagar la blusa blanca que compra.

_____ 10. Don Silvestre dice que Demetrio Alcocer tiene un documento que dice que Jamie es heredera de algunas tierras.

B. Each of the following statements about these scenes from the video has one word that does not fit. Look at the words in the list and find the four that replace the wrong ones. Cross off the wrong word in each statement and write the correct one above or below it.

amarillos	antigüedades	cocinarle	darle	máquinas	oficinas
revueltos	sabrosas	servirle	sombreros	tierras	tallas

1. Jamie dice que quiere probar los chilaquiles con huevos verdes.

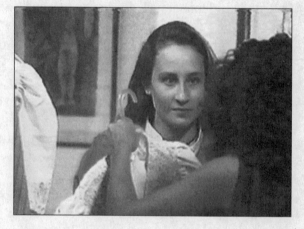

3. La vendedora quiere saber si hay algo en que pueda pagarle a Jamie.

2. El señor Navarro piensa que hay gente que pierde el tiempo jugando con las tarjetas de fax.

4. Jamie y Carlos entran a esta tienda de ropa donde el anticuario les muestra una foto de La Catrina.

Práctica de palabras

Circle the correct word in parentheses for each of the following quotations from the video.

1. "Corregidora significa la esposa del Corregidor, o sea (el candidato / el presidente / el gobernador) de Querétaro de antes."

2. "En el año de 1810 la Corregidora organizó muchas reuniones (tradicionales / secretas / sabrosas) y mandó mensajes a los líderes de la Independencia desde ese balcón."

3. "La Catrina también aparece en algunas (obras / fotos / casas) de Diego Rivera."

4. "Aquí será una (papaya / talla / tarjeta) veintinueve."

5. "Demetrio Alcocer tiene un documento que dice que esta muchacha es dueña de todas mis (camisas / tortillas / tierras)."

6. "Esa figura es el ángel del bien y del mal. Me manda (fotos / mensajes / invitaciones)."

7. "Bueno, quiero comprar esta (salsa / blusa / cebolla) y me la llevo puesta."

8. "Mañana es (lunes / tradicional / domingo). La biblioteca está cerrada."

La Catrina

Para escribir

Look at the following scene from the video and
write a short paragraph in Spanish explaining
who these people are and what they are
discussing.

Now write your paragraph here:

_____

_____

_____

_____

_____

_____

_____

_____

_____

_____

_____

_____

_____

_____

_____

_____

_____

_____

_____

_____

_____

_____

Predicciones

En el Episodio 4, tres de los personajes van a ir a nadar juntos. Adivina
quiénes son estas tres personas.

1. _____

2. _____

3. _____

NOTA CULTURAL

La Corregidora

En México colonial, doña Josefa Ortiz de Domínguez era la esposa del
Corregidor, o sea, el gobernador español de la región. En 1810, doña Josefa
organizó reuniones clandestinas para los líderes de la rebelión contra los
españoles. Los más famosos del grupo eran el padre Miguel Hidalgo e Ignacio
Allende. La rebelión fracasó y en 1811 los dos líderes fueron fusilados por los
españoles. Diez años más tarde, el movimiento empezado en las reuniones
secretas de la Corregidora de Querétaro tuvo éxito: México obtuvo su
independencia en 1821.

Vocabulario de la Nota Cultural

o sea	_that is_
clandestinas	_secret_
fracasó	_failed_
fueron fusilados por	_were executed by_
tuvo éxito	_was successful_

La Catrina

Nombre _____

Episodio 3

Fecha _____

Actividad especial

Imagina que vas a una tienda de ropa y quieres probarte una prenda de vestir para comprarla con tu tarjeta de crédito. ¿En qué orden tendrías que hacer las cosas? Escribe los números del 1 al 12 enfrente de cada una de estas actividades para que queden en el orden correcto.

_____ Preguntar si aceptan tarjetas de crédito.

_____ Preguntar si tienen el número de talla tuyo.

_____ Entrar a la tienda.

_____ Preguntar cuál es el precio.

_____ Saludar al dependiente o a la dependienta.

_____ Firmar el recibo.

_____ Probarte la prenda.

_____ Buscar entre las prendas hasta encontrar una que te guste.

_____ Despedirte.

_____ Salir de la tienda.

_____ Preguntar si puedes probarte la prenda.

_____ Decirle al dependiente o a la dependienta que quieres la prenda.

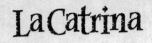
Episodio 4

ANTES DEL VIDEO

Resumen

• •

En una conversación por teléfono, Silvestre Aguilar le dice
a Demetrio, el director de la biblioteca, que sería mejor no
meterse en el asunto del testamento de doña Josefa. La amenaza
es muy clara: a Demetrio le quedan pocos años antes de
retirarse con una pensión. Aguilar es muy poderoso en la
región. Si Demetrio pierde su trabajo, también pierde su
pensión. Él se pone muy nervioso, y cuando Jamie le pregunta
si sabe algo sobre su bisabuela, no le dice nada.

En la universidad, Felipe y Jamie se encuentran. Jamie le
presenta a María y los tres deciden ir a nadar en la piscina.
Felipe insiste en que no sabe nadar muy bien pero una vez
en el agua, María dice que le está tomando el pelo. María dice
que va a haber una fiesta para los estudiantes extranjeros e
invita a Felipe.

Vocabulario

meterse en   Cuando una persona **se mete en** los asuntos de otros, significa que quiere saber o participar en cosas que no son asuntos suyos.

una amenaza   Una cosa dicha con malas intenciones es **una amenaza**.

e   Equivalente a "y" _(and)_ cuando la palabra siguiente empieza con el sonido "i." No se dice: " . . . y invita a Felipe," sino: " . . . **e** invita a Felipe."

Frases importantes

dar la bienvenida   La fiesta es para **dar la bienvenida** a Querétaro a los estudiantes extranjeros.

le quedan pocos años   Demetrio no tiene muchos años más para trabajar. **Le quedan pocos años** de trabajo.

tomarle a uno el pelo   Si le dices a alguien algo en broma, **le estás tomando el pelo** (en inglés se dice: _to pull someone's leg_).

Para pensar antes de mirar

Discuss with other students the following themes:

1. Imagine you know a secret that could be very helpful to a friend, but you were told not to say anything. What would you do? Why?

2. Here is a list of ten common sports that are often practiced in Spanish-speaking countries. In which ones would you participate if you were in one of the countries for an extended period of time? Why?

el vólibol	el esquí acuático
la natación (nadar)	el ciclismo (montar en bicicleta)
el tenis	el atletismo
el fútbol _(soccer)_	el baloncesto (el básquetbol)
el béisbol	el ping-pong (tenis de mesa)

La Catrina

Episodio 4

DESPUÉS DEL VIDEO

¿Viste bien?

A. Identify with a checkmark the scenes that are from this episode:

☐

☐

☐

☐

B. Look at the following photos. First, name the characters you have seen so far in *La Catrina*. Then write in the appropriate blanks who is new and who does not appear in this episode.

_____

_____

_____

_____

_____

_____

Comprensión

A. Circle the letter of the correct statement in the following pairs of statements.

1. a. Don Silvestre sabe que a Demetrio le quedan pocos años antes de retirarse y sugiere que él tiene el poder para quitarle la pensión a Demetrio, si quiere.

   b. Don Silvestre quiere que Demetrio se retire pronto porque quiere darle un trabajo.

2. a. Rogelio, que trabaja en la biblioteca, le dice a Jamie que él sabe todo lo que ella necesita saber sobre La Catrina.

   b. Rogelio, que trabaja en la biblioteca, le dice a Jamie que Demetrio es especialista en la historia de la región.

3. a. Demetrio le dice a Jamie que no puede darle información ahora porque tiene que consultar algunos documentos. Le dice que vuelva en unos días.

   b. Demetrio le da a Jamie toda la información sobre La Catrina inmediatamente.

4. a. Felipe le dice a Jamie que no ha tenido tiempo para llamarla, pero que está contento de verla.

   b. Felipe le dice a Jamie que la ha llamado cuatro veces pero que ella nunca está en casa.

5. a. María cree que Felipe le está tomando el pelo porque en realidad él sí sabe nadar muy bien.

   b. María cree que Felipe le está tomando el pelo porque está a punto de ahogarse.

6. a. Esta noche hay una fiesta para darles la bienvenida a los estudiantes extranjeros y María invita a Felipe.

   b. Esta noche hay una fiesta para los campeones de natación de Querétaro y Jamie invita a Felipe.

B. Draw a line to connect each photo with a description on the right, then circle the letter of the best explanation for what is happening.

1. Esta persona está enojada

   a. porque recibió una amenaza.

   b. porque no tiene tiempo de hablar por teléfono.

2. Esta persona está disculpándose

   a. porque no tiene traje de baño.

   b. porque se confundió y trató de entrar al vestidor para mujeres.

3. Esta persona está contenta

   a. porque ahora sabe toda la información que necesita.

   b. porque tiene una promesa de ayuda para obtener la información que necesita.

Práctica de palabras

Below are several quotes that have a missing word. Choose the correct
word from the list and write it in the appropriate blank.

fiesta	haré	información	originalmente
pez	quedan	sobre	toalla

1. "Todo ese dinero que Ud. tiene es _____ de doña Josefa
   de González."

2. "A usted le _____ pocos años antes de retirarse con una
   pensión."

3. "En la tienda hay todo lo necesario. Puedes comprar desde una
   _____ hasta un traje de baño."

4. "Le prometo que _____ todo lo posible."

5. "María, nadas como un _____ ."

6. "Felipe, ¿por qué no vienes a la _____ esta noche?"

7. "Busco _____ sobre una señora que llamaban La
   Catrina."

8. "Mire, en este _____ está toda la información que tengo
   sobre ella."

CRUCIGRAMA

Numbers in parentheses indicate the corresponding episode for each item.

Horizontales

2. La Catrina ayudó a los pobres durante la _____ Mexicana. (1)

6. El Tecnológico de Monterrey es una universidad pero también es esto. (2)

8. Las personas de otros países. María invita a Felipe a una fiesta para ellos. (4)

9. La relación de los Navarro con los Linares. (2)

10. El lugar donde Demetrio Alcocer trabaja. (1)

12. La mujer que les gana a todos en un deporte. (4)

13. El apellido de Felipe. (1)

15. La relación de La Catrina con Jamie. (1)

16. El medio de transporte que Jamie y Felipe usan para viajar desde la Ciudad de México. (1)

17. El lugar donde la gente se pone los trajes de baño. (4)

19. El lugar donde Santana observa a Jamie, Felipe y María cuando van a nadar. (4)

23. El dinero que una persona recibe después de retirarse. (4)

24. El deporte favorito de Jamie. (2)

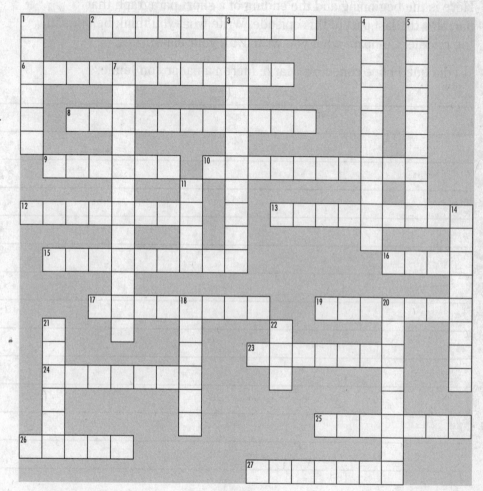

25. El nombre del muchacho que trabaja con Demetrio en la biblioteca. (4)

26. Moverse en el agua usando las piernas y los brazos. (4)

27. El restaurante El Arcángel es de esta familia. (3)

Verticales

1. La fruta que Carlos come para el desayuno. (3)

3. La esposa del Corregidor. (3)

4. Un documento que indica lo que alguien que muere le deja a una persona. (3)

5. El nombre de la ciudad donde Jamie y Felipe van a pasar el verano. (1)

7. Las cosas viejas que un anticuario vende. (3)

11. El color de la casa de los Linares. También es una bebida que casi siempre se toma caliente. (2)

14. El apellido de Jamie. (1)

18. La clase favorita de María. (2)

20. Don Silvestre Aguilar es candidato para esto. (2)

21. El apellido de un famoso pintor de murales mexicanos. Pintó "Sueño de una tarde dominical en la Alameda Central." (3)

22. Una clase de animal acuático. Felipe cree que María nada como uno. (4)

Para escribir

Here is the beginning and the ending of a short paragraph that narrates the last part of this episode. Write what you think belongs in the middle. Compare what you write with your classmates.

"El día que Felipe conoció a María, fueron a nadar con Jamie.

_____

_____

_____

_____

_____

_____

_____

_____

_____

_____

_____

_____

_____

_____

_____

_____

_____

_____

_____

_____

_____

_____

Al fin Felipe estaba contento porque María lo invitó a la fiesta."

Predicciones

A. En el Episodio 5, Jamie, Carlos, María y Felipe están invitados a la fiesta para los estudiantes extranjeros, pero una de estas cuatro personas no puede ir. Adivina quién es esta persona y por qué no puede ir.

_____

_____

_____

B. Al final del Episodio 5, Jamie encuentra nueva información sobre su bisabuela, La Catrina. Adivina qué es lo que Jamie encuentra.

_____

_____

_____

NOTA CULTURAL

Los hispanos

Hay mucha gente de origen hispano en los Estados Unidos. Los hispanos son generalmente de Puerto Rico, de Cuba o de México, aunque en ciertas localidades predominan grupos de otros países hispanohablantes. En muchas partes de este país el español es el segundo idioma y se habla tanto como el inglés.

Los latinos—otro término que se emplea para referirse a los hispanos—tienen el mismo dilema que han encontrado los inmigrantes a los Estados Unidos de las épocas pasadas: ¿cómo tener éxito en este país donde el inglés es predominante y al mismo tiempo conservar el idioma y las tradiciones de sus antepasados? Para los hispanos jóvenes nacidos en los Estados Unidos, este problema es aún más grave porque muchos no conocen el país de sus padres y casi no hablan español. Pero muchos no quieren perder sus raíces.

Actividad especial

Below is a list of five emotional reactions followed by five situations.
Identify the reaction you think would be appropriate for each situation
and write it in the blank.

| alegría | compasión | enojo | envidia | tristeza |

1. Una amiga de muchos años se va a estudiar a otro país y es muy posible
   que nunca la vuelvas a ver. _____

2. Unos amigos ganan la lotería y están pensando en usar parte del dinero
   para hacer un viaje al extranjero. _____

3. Un amigo muy bueno que no has visto por varios años va a venir a verte
   durante un fin de semana. _____

4. Un amigo tuyo está muy triste porque se le murió un perrito que tuvo
   desde que era niño. _____

5. Una amiga te dijo que iba a venir por ti a las ocho para llevarte a una
   fiesta. Ya son las nueve y media y todavía no ha llegado.

   _____

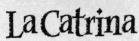

Episodio 5

ANTES DEL VIDEO

Resumen

● ●

Los Navarro quieren que Carlos trabaje en el restaurante esta noche, pero Carlos quiere asistir a una fiesta. Cuando su padre se enfada, Carlos dice que va a trabajar y que después de todo es sólo una fiesta.

En la fiesta María y Felipe llegan a conocerse mejor. A Jamie se le ocurre una idea: ¿por qué no van los tres al restaurante El Arcángel para alegrar un poco a Carlos? Carlos está algo deprimido, pero se alegra mucho al ver a Jamie.

Después, llega un fax que indica que si Jamie va a la biblioteca puede encontrar la información que busca.

Vocabulario

servir para	Los teléfonos **sirven para** comunicarse.
consentido, -a	Una niña **consentida** hace lo que quiere. Es una malcriada.
fue traicionado, -a	Cuando alguien en que confías revela un secreto tuyo a otros, te sientes **traicionado(a).**
algo deprimido, -a	Equivalente a "está un poco deprimido."

Frases importantes

El tiempo no alcanza para nada.	No hay suficiente tiempo.
a fin de cuentas	después de todo
¿Cómo eras de niño(a)?	¿Qué tipo de niño(a) eras?

Para pensar antes de mirar

1. Do you think you have changed a lot since you were younger? Can you come up with a list of adjectives that describe how you have changed?

2. What do you know about the legend of Robin Hood? Why was he famous?

DESPUÉS DE MIRAR

¿Viste bien?

Number the following scenes in the order in which they occurred in the episode. Write the numbers 1 to 4 in the boxes, then give each scene a short title in Spanish that tells what is happening.

Comprensión

A. Write the letter V *(verdad)* for those statements that are true and the letter F *(falso)* for those that are false.

_____ 1. El señor Navarro dice que hay mucho trabajo pero que Carlos puede ir a la fiesta.

_____ 2. Carlos dice que sólo hay agua para siete años en Querétaro.

_____ 3. En la fiesta Felipe y María hablan sobre cómo eran de niños.

_____ 4. Cuando Jamie, María y Felipe van a El Arcángel, los tres piden refrescos.

_____ 5. Jamie le dice a Carlos que la idea de ir a visitarlo fue de Felipe.

_____ 6. El fax para Jamie llega al restaurante y Carlos se lo lleva a la casa.

_____ 7. Cuando Jamie va a la biblioteca, Rogelio le dice que tiene que hablar con Demetrio.

_____ 8. La Catrina y su banda les daban dinero a los pobres.

Nombre

Fecha

B. Draw a line connecting each statement to the corresponding photo.
There are two statements for each photo.

1. De niña lloraba todo el día.

2. Trabaja en el restaurante de sus padres.

3. Piensa que los pájaros sirven para algo.

4. De niño era tímido.

5. La familia de su padre es de México pero el padre vive en los Estados Unidos.

6. De niña era malcriada, consentida y traviesa.

7. Quiere más información sobre su familia.

8. De niño nunca peleaba y obedecía a sus padres.

Práctica de palabras

Circle the correct word in parentheses for each of the following
quotations from the video.

1. "¿Y tú, sigues preocupado por los pájaros y los cambios de (hora /
   clima / gente) en el año 2,040?"

2. "¡Los pájaros (comen / vuelan / sirven) para algo!"

3. "¿Sabías que en Querétaro sólo hay (aire / agua / fiestas) para siete
   años?"

4. "Me llamó para decirme que tenía que (llorar / beber / trabajar) en
   el restaurante."

5. "La información que (buscas /sabes / tienes) está en la página 94."

6. "Con ayuda de su banda les daba a los (pobres / niños / padres) lo que
   les quitaba a los ricos."

7. "Era muy valiente. La gente no podía (decir / creer / ver) que era
   una mujer."

8. "Hasta que un día doña Josefa fue (casada /asesinada / traicionada)
   y la Hacienda la Catrina cambió su nombre a la Jacaranda."

La Catrina

Para escribir

Look at the following scene from the video and
write a short paragraph in Spanish explaining
what is happening.

_____
_____
_____
_____
_____
_____
_____
_____
_____
_____
_____
_____
_____
_____
_____
_____
_____
_____
_____
_____
_____

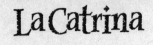

Nombre _____

Fecha _____

Video Workbook

Predicciones

En el Episodio 6 María y Felipe salen juntos. Adivina cuál de las actividades siguientes es la más probable.

Van a nadar otra vez.

Van a estudiar juntos.

Van a bailar.

Van a jugar tenis.

Van de compras.

Van a salir a comer.

Van a ir al cine.

NOTA CULTURAL

Escuelas de México y de los Estados Unidos

En México y en los Estados Unidos las escuelas tienen nombres diferentes. Aquí hay una lista de estas diferencias.

En los EE.UU.	En México
Kindergarten	Un kinder; un jardín de niños
Elementary school	Escuela primaria
Junior high	Secundaria
High school	Preparatoria o colegio (privado)
College	Universidad o institución de educación superior

De la misma manera, el uso de otros términos puede variar: en los Estados Unidos un bachiller significa el título que se recibe al graduarse de una universidad. En México el bachillerato representa la graduación de una preparatoria o colegio. Tampoco coinciden los nombres usados en España con los de México. En España, por ejemplo, una escuela secundaria *(high school)* no es una preparatoria sino un instituto.

Aunque el porcentaje puede variar entre las zonas urbanas y las rurales, una de las semejanzas es que tanto en los Estados Unidos como en México la gran mayoría de los jóvenes asiste a una escuela preparatoria (pública o privada) y termina sus estudios.

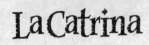

Episodio 6

ANTES DEL VIDEO

Resumen

• •

Felipe tiene una cita con María en una discoteca. Los dos
se divierten mucho bailando el baile del queso, a pesar de
que Felipe dice que no sabe bailarlo. Al día siguiente en la
universidad, los cuatro jóvenes practican algunos deportes y
luego pasean juntos. Felipe y Jamie están de acuerdo: es difícil
estudiar en Querétaro porque hay muchas distracciones.

Más tarde, una niña llega a Operación Aztlán con una carta
para Carlos. La carta fue escrita por la madre de la niña, que
pide ayuda porque dice que los insecticidas usados en la
Hacienda la Jacaranda están afectando la salud de su esposo
y la de los otros trabajadores.

Vocabulario

bromear	**Bromeamos** cuando no hablamos en serio.
darse cuenta de	Carlos **se da cuenta de** que cuando el verano termine, Felipe y Jamie van a volver a los EE.UU. Lo sabe y no le gusta la idea.
quejarse	Cuando a alguien no le gusta la comida o el servicio de un restaurante, va a **quejarse** con el gerente *(manager)*.

Frases importantes

echar de menos	Susana tiene amigos en España y los **echa de menos,** es decir, siente mucho su ausencia.
suena formal	Tiene un tono demasiado formal; no parece muy natural.

Para pensar antes de mirar

1. How do you feel about making friends with people that you know will not be around for very long? Do you think people should avoid relationships they know will be short so that they don't feel bad when the inevitable separation happens? Why?

2. What do you know about the problems caused by the use of pesticides and insecticides in agricultural crops? Why are these practices dangerous?

DESPUÉS DEL VIDEO

¿Viste bien?

Draw a line to connect each photo to the corresponding quote.

1. "Soy de España. Pero vivimos aquí desde hace dos años."

2. "Te presento a mi amiga Susana, de mi escuela."

3. "Es el hijo de don Silvestre, el candidato."

4. "Dile a tu mamá que vamos a hacer todo lo posible para ayudarla."

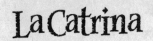
Comprensión

A. Circle the letter of the correct phrase to complete the following sentences:

1. En la discoteca, Susana se va de la mesa de María y Felipe

    a. porque Felipe no quiere invitarla a un refresco.

    b. porque quiere charlar con unos amigos.

    c. porque quiere volver a su casa.

2. Felipe le dice a Jamie que es difícil estudiar en Querétaro

    a. porque en la biblioteca hay pocos libros.

    b. porque es verano y hace mucho calor.

    c. porque hay muchas distracciones.

3. Carlos trabaja en Operación Aztlán, que es

    a. un hospital.

    b. un negocio donde venden frutas y legumbres.

    c. una organización de ecología.

4. La niña va a Operación Aztlán

    a. porque no tiene familia y quiere tener amigos.

    b. porque tiene una carta de su madre para Carlos.

    c. porque quiere asistir a una conferencia de ecología.

5. La carta para Carlos dice que en la Hacienda la Jacaranda

    a. no se usan insecticidas.

    b. se usan insecticidas que afectan la salud de los trabajadores.

    c. se usan muy pocos insecticidas que no afectan a nadie.

6. La señora que escribe la carta dice que las frutas y legumbres de la Hacienda la Jacaranda

    a. son muy sabrosas.

    b. están contaminadas pero no se venden.

    c. están contaminadas y se venden en el mercado.

7. Según la carta, los productos agrícolas contaminados

    a. no le causan problemas a nadie.

    b. también pueden enfermar a la gente que los compra.

    c. sólo enferman a los trabajadores de la hacienda.

8. Carlos dice que la Hacienda la Jacaranda

    a. es de don Silvestre Aguilar.

    b. es muy pequeña y no hay mucho peligro de contaminación.

    c. no produce frutas ni legumbres, así que no hay peligro.

B. Answer the questions about the following photos.

1. ¿Qué están haciendo estas personas?

_____
_____
_____
_____
_____

2. ¿Por qué está sorprendida María?

_____
_____
_____
_____
_____

3. ¿Dónde y con quién trabaja Silvia?

_____
_____
_____
_____
_____

Nombre

Fecha

Práctica de palabras

Circle the correct word in the following quotations from the video.

1. "En México las muchachas siempre (salimos / comemos / estudiamos) con chaperones."

2. "¿Cómo? ¿No sabes (tocar / bailar / escuchar) el baile del queso?"

3. "Pero . . . a las muchachas (elegantes / amigas / jóvenes) se les dice señoritas, ¿no?"

4. "Sí, sí, las (fiestas / conferencias / recepciones) de ecología van a celebrarse aquí en Querétaro. Sí, el martes en la universidad."

5. "Estimado Sr. Navarro: Mi marido (sirve / duerme / trabaja) en la Hacienda la Jacaranda, y si el patrón sabe que yo les escribo, no sé qué va a hacer."

6. "Las (frutas / personas / casas) y legumbres de la Hacienda la Jacaranda están contaminadas, y después se venden en el mercado."

7. "Los insecticidas están afectando la (cabeza / ropa / salud) de mi esposo y la de los trabajadores."

8. "Siempre llevamos las cartas a las autoridades pero, ya sabes, dicen que no pueden hacer nada si los (campesinos / niños / estudiantes) no van a sus oficinas."

La Catrina

Episodio 6

Nombre _____

Fecha _____

Para escribir

In his conversation with María, Carlos says that he often thinks about what is going to happen at the end of the summer and that it seems certain that Jamie and Felipe will return to the United States. Why do you think that Carlos is concerned about this and why does he discuss it with María? Write your opinion in Spanish below.

_____

_____

_____

_____

_____

_____

_____

_____

_____

_____

_____

_____

_____

_____

_____

_____

_____

_____

_____

_____

_____

La Catrina

Predicciones

En el Episodio 7, Carlos le pide a Jamie que lo acompañe a un lugar donde él necesita comprar algunas cosas. Adivina a qué lugar van de compras juntos.

NOTA CULTURAL

Las tradiciones y el mundo moderno

Lo mismo que en los Estados Unidos, las antiguas tradiciones están cambiando en México. Por ejemplo, en nuestros días, la presencia de una chaperona cuando dos jóvenes salen juntos ya casi no se practica. Sin embargo, las influencias modernas se notan más en las ciudades grandes que en los pueblos pequeños, donde los cambios se dan mucho más despacio.

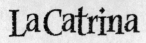
Episodio 7

ANTES DEL VIDEO

Resumen
• •

Carlos le pregunta a Jamie si puede acompañarlo al mercado
para comprar frutas y verduras que faltan en el restaurante.
Pero también quiere recoger algunas frutas o verduras de la
Hacienda la Jacaranda para llevarlas al laboratorio de la
universidad donde pueden comprobar si están contaminadas.
Carlos y Jamie también van a las oficinas de salud para
averiguar si hay quejas oficiales contra la Jacaranda. Se apuran
porque es tarde pero cuando llegan a la oficina, ya está cerrada.
Por fortuna, un amigo de Carlos que trabaja allí los deja entrar
y los ayuda. En un archivo encuentran algo muy interesante.

Vocabulario

faltar   En el restaurante **faltan** frutas y verduras, es decir, ya no hay más.

recoger   Carlos y Jamie van al mercado a **recoger** algunas frutas. (En inglés se dice: *to collect or pick up.*)

comprobar   Llevan las frutas al laboratorio para hacerles unos exámenes. Van a **comprobar** si están contaminadas.

apurarse   Carlos y Jamie **se apuran** porque si no llegan pronto, las oficinas estarán cerradas. Tienen que darse prisa.

Para pensar antes de mirar

1. Would you be willing to break some rules in order to help a friend, or do you think rules should always be obeyed? Explain why.

2. In some countries, the personal connections that people have are often as important as their ability to achieve success. What problems do you think this can create?

DESPUÉS DEL VIDEO

¿Viste bien?

Look at the following photos from the video and circle the letter of
the correct answer.

1. ¿Dónde están Jamie y Carlos?

   a. En un mercado.

   b. En la calle en Querétaro.

   c. En el restaurante El Arcángel.

2. ¿Quién es esta mujer?

   a. Una trabajadora de la Hacienda la Jacaranda.

   b. Una amiga de Carlos.

   c. Una vendedora del mercado.

3. ¿A qué edificio están entrando Jamie y Carlos?

   a. Al mercado.

   b. A un laboratorio.

   c. A las oficinas de Operación Aztlán.

4. ¿Quién es esta persona?

   a. Un amigo de Carlos que trabaja en las oficinas de salud.

   b. Un hijo de don Silvestre.

   c. Un amigo de Jamie de los Estados Unidos.

La Catrina

Comprensión

A. Write the letter V *(verdad)* in the blank space for those statements that are true and the letter F *(falso)* for those that are false.

_____   1. Carlos le dice a Jamie que tiene que ir al mercado y la invita a acompañarlo.

_____   2. Cuando están en el mercado, Carlos dice que él tiene que comprar cualquier cosa de la Hacienda la Jacaranda.

_____   3. Jamie le dice a Carlos que él tiene que comprar todas las cosas porque ella no quiere ayudarlo.

_____   4. Carlos y Jamie llevan unos elotes al laboratorio de la universidad para comprobar que están contaminados.

_____   5. Carlos no conoce a la profesora en el laboratorio.

_____   6. La profesora les dice que no puede ayudarlos.

_____   7. Después de salir del laboratorio, Carlos y Jamie van a las oficinas de salud de la ciudad.

_____   8. Las oficinas de salud están abiertas cuando ellos llegan.

_____   9. En las oficinas de salud hay varias quejas contra la Hacienda la Jacaranda.

_____   10. Los informes en las oficinas de salud dicen que la propietaria de la Hacienda la Jacaranda es la bisabuela de Jamie.

B. Circle the letter of the correct ending for each statement based on what is happening in each photograph.

1. Carlos le da monedas a Jamie

    a. para que le ayude a comprar algunas cosas.

    b. para que tome el autobús y vuelva a su casa.

2. Según la vendedora, estos elotes, aunque no son buenos

    a. tienen muy buen sabor.

    b. no son para vender.

3. La profesora Maldonado

    a. va a cocinar estos elotes para comerlos esta noche.

    b. va a hacerles un examen a estos elotes para ver si están contaminados.

4. Aunque hay quejas contra la Hacienda la Jacaranda, los informes

    a. están inconclusos porque la gente tiene miedo.

    b. están inconclusos porque la propietaria no puede ser localizada.

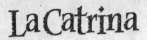
Práctica de palabras

Circle the correct word in the following quotations from the video.

1. "Tengo que ir al mercado. En el restaurante (quedan / hay / faltan) frutas y verduras."

2. "Carlos, tengo una idea. ¿Por qué no dividimos el trabajo? Así (comemos / terminamos / vivimos) más rápido."

3. "Señorita, todo eso viene de la Hacienda la Jacaranda. Es muy bonito, pero está (viejo / contaminado / vendido)."

4. "Conozco a alguien en la universidad que nos puede (ayudar / llevar / enseñar)."

5. "Tenemos un problema. Queremos (cerrar / abrir / saber) si estos elotes están contaminados."

6. "Ya es demasiado (elegante / tarde / pobre). Cierran a las cinco."

7. "Roberto, no sabía que trabajabas (tanto / poco / aquí). ¿Desde cuándo?"

8. "Queremos saber si hay (quejas / elotes / frutas) oficiales contra alguna hacienda."

9. "Mira, Carlos, hay varias quejas contra la (vida / casa / Jacaranda)."

10. "Pero el informe está inconcluso por no encontrar el (número / dinero / nombre) de la propietaria."

CRUCIGRAMA

Numbers in parentheses indicate the corresponding episode for each item.

Horizontales

1. Ir de prisa. (7)

4. El nombre del amigo de Carlos que les abre a él y a Jamie la puerta de las oficinas de salud. (7)

5. Una persona que no tiene dinero. Lo opuesto a rico. (5)

6. El nombre de las sustancias químicas que algunos hacendados usan para matar insectos. (6)

7. La hora en que Carlos pasa a recoger a Jamie para que vayan al mercado. (7)

10. El lugar de la universidad donde trabaja la profesora Maldonado, antigua maestra de Carlos. (7)

14. Se dice de una persona que tiene mucho valor. (5)

15. Un lugar donde ponen discos y la gente puede ir a bailar. (6)

18. Alguien que no está bien de salud. (6)

21. Animales que vuelan y tienen plumas. Carlos dice que sirven para algo. (5)

22. Lo que Carlos le da a Jamie en el mercado para que ella compre frutas y verduras. (6)

23. El nombre de la organización donde Carlos trabaja. (7)

Verticales

2. Otra palabra para "dueña." La de la Hacienda la Jacaranda no puede ser localizada. (7)

3. El lugar donde se venden frutas, verduras y otros comestibles. (7)

8. Una bebida fría y sin alcohol. María pide una cuando visitan a Carlos en El Arcángel. (5)

9. Un hombre que trabaja o que vive en el campo. (6)

11. El nuevo nombre de la Hacienda la Catrina, después de que doña Josefa fue traicionada. (5)

12. Que no está abierto. (7)

13. No hablar en serio. (6)

16. El nombre del baile que María y Felipe bailan. También es el nombre de algo que se come. (6)

17. El líquido transparente que todo el mundo necesita para vivir. (5)

19. El nombre del producto que Carlos y Jamie llevan al laboratorio. (6)

20. Lo que muchas personas hacen cuando están tristes y las lágrimas se les salen. (5)

Para escribir

In Episodio 5 Rogelio had given Jamie a book where she read that after her great-grandmother had been betrayed, the name of the Hacienda la Catrina had been changed to Hacienda la Jacaranda, which now supposedly belongs to don Silvestre Aguilar. Now, in this episode, Jamie and Carlos go to the city's health office and find out that the complaints against la Hacienda la Jacaranda have not been acted on because its owner, doña Josefa de González (Jamie's great-grandmother), cannot be located. Why do you suppose that don Silvestre has kept the Hacienda under doña Josefa's name instead of changing it to his own? Discuss this in a group and write your opinion in Spanish below.

_____
_____
_____
_____
_____
_____
_____
_____
_____
_____
_____
_____
_____
_____
_____
_____
_____
_____

Predicciones

En el Episodio 8, dos de las personas que hemos conocido tienen una discusión y están enojadas. Adivina quiénes son estas dos personas. A continuación escribe sus nombres y el motivo de su discusión.

Nombres:

1. _____

2. _____

El motivo de la discusión:

_____

_____

_____

NOTA CULTURAL

Los mercados de México

En México todas las ciudades tienen grandes mercados para el uso de los habitantes. En estos mercados se puede comprar toda clase de comestibles: frutas y verduras, carnes, pollo, pescado, todo bien fresco porque viene diariamente de los mismos productores: del mar, de los ranchos, de las haciendas y de los centros agrícolas de la región.

En México, D.F., los famosos mercados de la Merced y el de la Lagunilla son enormes. Sin embargo, hay cada vez más supermercados en el país, populares por las mismas razones que en el resto del mundo: se puede comprar todo sin perder mucho tiempo. Pero para los mejores precios, los productos más frescos y un ambiente vital, no hay como los viejos mercados tradicionales de México.

Vocabulario de la Nota Cultural

los mismos productores	*the producers themselves*
un ambiente vital	*a lively atmosphere*
no hay como	*there is nothing like*

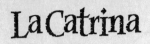
Episodio 8

ANTES DEL VIDEO

Resumen

• •

Cuando regresa del mercado, Carlos les pregunta a sus padres
si compran frutas y verduras de todas las haciendas de la
región. Ellos dicen que de todas menos de la Jacaranda, por
sus precios altos y su calidad mala. Al día siguiente los cuatro
amigos van de compras al centro. Felipe necesita comprar
algunas cosas personales: crema de afeitar, hilo dental y
desodorante. María se está resfriando y cuando Carlos le dice
a Felipe que también quiere comprar algo para ella, Felipe se
pone furioso y Carlos se queda con la boca abierta, sin
comprender el porqué de su enfado.

Esa noche Carlos da una serenata para Jamie. Felipe viene, nota
lo que pasa y los dos muchachos vuelven a ser amigos.
Al día siguiente, Jamie y Carlos van a Operación Aztlán y
confirman que las frutas y verduras de la Hacienda la Jacaranda
están contaminadas. En la última escena hay un momento
romántico entre Carlos y Jamie. Al atardecer, viendo Querétaro
desde una colina, los dos hablan sobre su futuro.

Vocabulario

afeitarse	Todas las mañanas los hombres tienen que **afeitarse**, si no quieren ser barbudos.
apagar	Cuando uno entra en la casa de noche, enciende la luz; al salir hay que **apagar**la para conservar la electricidad.
el encargado, la encargada	La persona que es responsable de algo.
leyes	Reglas para mantener el orden en una sociedad.

Frases importantes

es por algo	Es por alguna razón.
pasarlo bien	Los amigos **lo pasan bien** juntos; se divierten mucho.
puede poco	No puede hacer mucho.
tiene que haber	Sin duda existe.

Para pensar antes de mirar

1. How do you feel about receiving gifts from people you have not known for very long? Why do you feel that way?

2. What do you know about the tradition of the serenade?

La Catrina

Episodio 8

DESPUÉS DEL VIDEO

¿Viste bien?

Match the following scenes from the video with the statements.

1. "Pero, ¿no hay leyes que prohiban esos pesticidas?"

2. "Y tú también me fascinas, pero yo soy de allá, del otro lado."

3. "Buenas noches. ¿Nos vemos mañana?"

4. "Crema de afeitar, hilo dental y desodorante."

La Catrina

Episodio 8

Video Workbook

Comprensión

A. Circle the letter of the correct ending for each statement based on the video.

1. Los padres de Carlos dicen que no compran frutas ni verduras de la Hacienda la Jacaranda porque

   a. no les gusta el nombre de la hacienda.

   b. los precios son altos y la calidad, inferior.

   c. en el restaurante no usan frutas ni verduras.

2. Carlos cree que don Silvestre Aguilar no ha cambiado el título de la Hacienda la Jacaranda a su nombre porque

   a. no ha tenido tiempo para hacerlo.

   b. está pensando en venderla pronto.

   c. no quiere ser el responsable de la contaminación.

3. Los dulces favoritos de María son

   a. los dulces de leche.

   b. los chocolates.

   c. los bombones.

4. Felipe se enoja con Carlos en la farmacia porque

   a. Carlos no tiene dinero para pagar sus compras.

   b. Carlos quiere comprarle algo a María.

   c. cree que Carlos le dio a María el resfriado.

5. La serenata que Carlos da

   a. es para María.

   b. es para Jamie.

   c. es para que Felipe vea que sabe cantar.

6. El sobre que Carlos le muestra al director de Operación Aztlán

   a. contiene leyes que prohiben la contaminación.

   b. contiene el reporte del laboratorio que confirma que los pesticidas que se usan en la Jacaranda son ilegales.

   c. contiene una invitación a una conferencia sobre la ecología.

7. Carlos quiere que Jamie

   a. vuelva a los Estados Unidos.

   b. se quede en México y trabaje con él.

   c. haga lo posible por cambiar las leyes.

B. Circle the letter of the statement that expresses correctly what is happening in each photo.

1. a. Carlos le está dando a María una bolsa de dulces de leche, que son sus dulces favoritos.

   b. Carlos le está dando a María medicina para su resfriado.

2. a. Felipe le está dando a María un regalo de los Estados Unidos.

   b. Felipe le está dando a María una bolsa de bombones pero a ella no le gustan.

3. a. Jamie está en el balcón. Está esperando que Carlos llegue porque tienen una cita.

   b. Jamie está en el balcón porque está escuchando la serenata que Carlos le da.

Práctica de palabras

Circle the correct word in the following quotations from the video.

1. "Hasta mañana Carlos, no se te olvide (comprar / traer / apagar) la luz."

2. "Vamos a ir a la tienda. Volvemos en un (día / ratito / tren)."

3. "Tú vas a regresar a tu (casa / país / apartamento) como todos los norteamericanos."

4. "Los (encargados / amigos / hombres) no pueden estar embarazados."

5. "El gobierno ayuda pero puede poco contra algunas (haciendas / personas / conferencias) particulares, por ejemplo la Hacienda la Jacaranda."

6. "Parece que los (gobiernos / problemas / laboratorios) de salud son los peores de la región."

7. "Para mí México es bello y quiero hacer todo lo que pueda para (protegerlo / cambiarlo / estudiarlo)."

8. "Tú también me (llamas / olvidas / fascinas), pero yo soy de allá, del otro lado."

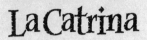
Nombre

Fecha

Para escribir

Look at the following photos of Carlos and Felipe at the pharmacy and write an explanation in Spanish of the argument that led to these reactions.

_____

_____

_____

_____

_____

_____

_____

_____

_____

_____

_____

_____

_____

_____

_____

_____

_____

_____

_____

_____

_____

_____

_____

_____

_____

La Catrina

Predicciones

En el Episodio 9 Felipe ve a Jamie y a María en la calle y las alcanza
corriendo porque quiere saber algo. Adivina qué es.

_____

_____

_____

NOTA CULTURAL

La traducción de palabras similares

Hay palabras en español que son casi idénticas en forma a las del inglés, pero
que se usan con significados diferentes en los dos idiomas. Si estas diferencias
no se observan, una persona puede decir algo incorrecto o, en el peor de los
casos, puede decir algo ofensivo sin querer. Aquí tienes algunos ejemplos.

Español	Traducción falsa	Significado verdadero
Conferencia	*Conference*	*Lecture*
Lectura	*Lecture*	*Reading selection*
Embarazada	*Embarrassed*	*Pregnant*
Disgustado	*Disgusted*	*Irritated, angered*

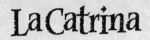
Episodio 9

ANTES DEL VIDEO

Resumen

● ●

María está resfriada y Jamie la acompaña a la clínica. Allí un campesino muy enfermo de la Hacienda la Jacaranda acaba de salir de la consulta. Le dice a su esposa que el doctor cree que los pesticidas están envenenando a los obreros que trabajan en la Hacienda la Jacaranda.

Después de ver al doctor, María y Jamie salen a la calle, donde Felipe corre para alcanzarlas. Arregla una cita con María.

La tarde siguiente todos asisten a la conferencia sobre la contaminación del medio ambiente. Después, Rogelio, muy nervioso, le informa a Jamie que ella representa una gran amenaza para don Silvestre Aguilar, y que debe hablar lo más pronto posible con Demetrio Alcocer. Esa noche, unos coches de policía y una ambulancia llegan a la biblioteca: algo ha pasado.

Vocabulario

envenenar Cuando se usan sustancias químicas en la agricultura, pueden ser tóxicas y pueden **envenenar** las frutas y verduras.

desgraciado, -a Una persona que es mala. La campesina llama **"desgraciado"** a don Silvestre Aguilar porque él es el dueño de la Hacienda la Jacaranda, y allí se usan los pesticidas que envenenan a los trabajadores.

amenaza Jamie es una **amenaza** para don Silvestre Aguilar porque ella puede ser la dueña legítima de sus propiedades.

el tema En la conferencia se va a hablar de la contaminación. La contaminación es **el tema** de la conferencia.

Frases importantes

guardar cama Si uno está enfermo, muchas veces los médicos recomiendan **guardar cama;** es decir, quedarse en cama.

cueste lo que cueste No importa cuánto cueste o lo difícil que algo sea.

Para pensar antes de mirar

1. In your opinion, what is the right thing to do if you are sick and someone you really like asks you out on a date?

2. What do you think a person should do if he or she receives a threat?

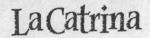

La Catrina

Episodio 9

DESPUÉS DEL VIDEO

¿Viste bien?

Look at the following scenes from the video. Circle the letter of the
statement that corresponds to each photo.

1. Esta mujer está enojada porque

   a. no le gusta que don Silvestre lleve
      ropa muy elegante.

   b. su esposo trabaja para don Silvestre
      en la Hacienda la Jacaranda, y está
      enfermo por el uso de pesticidas.

2. María le está pagando a la recepcionista

   a. porque tuvo una cita con el doctor
      en la clínica y tiene que pagar
      los servicios.

   b. porque quiere información sobre
      la Hacienda la Jacaranda.

3. En la conferencia sobre la contaminación del medio ambiente, Paco le está hablando a Jamie

    a. para pedirle una cita.

    b. para amenazarla, diciéndole que va a tener problemas.

4. Después de la conferencia Rogelio está hablando con Jamie

    a. para decirle que ella debe hablar con Demetrio Alcocer y que don Silvestre piensa que ella es una amenaza.

    b. para decirle que necesita leer más libros en la biblioteca.

La Catrina

Comprensión

A. Write the letter V *(verdad)* for those statements that are true and the letter F *(falso)* for those that are false.

_____ 1. El campesino en la clínica dice que el doctor le dijo que necesita cambiar de trabajo porque los pesticidas envenenan a los campesinos.

_____ 2. María dice que el doctor le dijo que debe tomar aspirina, comer dulces de leche y trabajar mucho.

_____ 3. Felipe quiere que Jamie oiga lo que él quiere decirle a María.

_____ 4. Rogelio deja un mensaje para Jamie en la contestadora y le dice que es urgente que él hable con ella.

_____ 5. La profesora Ramírez es una especialista en el problema de la contaminación.

_____ 6. En su conferencia, la profesora Ramírez dice que los problemas del aire, el agua y la tierra son sólo problemas de México y no de otros países.

_____ 7. La profesora Ramírez dice que en Costa Rica hay buenas prácticas de ecología y muestra fotos para ilustrarlas.

_____ 8. Paco, el hijo de don Silvestre Aguilar, se sale antes de que la conferencia termine y amenaza a Jamie.

B. Draw a line connecting each statement to the corresponding photo.

1. Está hablando sobre los problemas ecológicos.

2. Ha estado observando a Jamie desde que llegó a Querétaro.

3. Está contento porque Jamie le dio un beso.

4. En este momento está escuchando un mensaje que Rogelio le dejó en la contestadora.

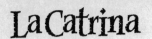
Práctica de palabras

Circle the correct word in the following quotations from the video.

1. "Dice que es el (trabajo / pesticida / dinero) . . . que envenena a los campesinos."

2. "Sí, lo sé, pero tengo un (novio / chicle / resfriado) y me siento mal."

3. "Para pasado mañana va a (mejorarse / interesarse / inspirarse) tu resfriado."

4. "Jamie, hay dos (citas / problemas / mensajes) para ti en la contestadora."

5. "No quiero asustarte, créeme, pero es cuestión de vida o (comida / muerte / oportunidad)."

6. "La profesora Ramírez es una (conferencia / especialista / jefa) en el problema de la contaminación."

7. "Mi jefe quiere ayudarte pero tiene (miedo / frío / honor) de don Silvestre Aguilar."

8. "Tú representas para don Silvestre una (extranjera / amenaza / tos)."

Nombre

Fecha

Para escribir

Look at this scene from the story and
write a short description in Spanish of
the conversation.

_____

_____

_____

_____

_____

_____

_____

_____

_____

_____

_____

_____

_____

_____

_____

_____

_____

_____

_____

Predicciones

En el Episodio 10 Jamie ve un programa de televisión sobre el Día de los Muertos. Adivina de qué trata ese Día.

_____

_____

_____

NOTA CULTURAL

La contaminación y el medio ambiente

La contaminación es un problema que afecta la salud no sólo de un país sino de todos los habitantes del planeta. No vivimos aislados los unos de los otros. En el mundo de hoy existe un constante y rápido intercambio de todo: personas y productos. Debido a los medios modernos de transporte, una enfermedad puede "viajar" a todos los rincones de la Tierra. Por eso la ausencia de buenas prácticas ecológicas puede tener un efecto nacional, y muchas veces, hasta internacional. En la agricultura sin control, las malas prácticas pueden resultar en la exportación de comestibles que contienen sustancias químicas venenosas.

Por el aspecto económico, la contaminación no es un problema fácil de resolver. Las buenas prácticas ecológicas generalmente cuestan mucho dinero — precisamente lo que falta en los países que empiezan a industrializarse. Sin embargo, cada día hay más información sobre la necesidad de cooperación internacional.

Vocabulario de la Nota Cultural

el medio ambiente	_the environment_
el rincón	_corner_

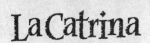
Episodio 10

ANTES DEL VIDEO

Resumen

Cuando Jamie llega a la biblioteca, Rogelio le informa que la noche anterior un ladrón trató de robar algo. No tuvo éxito porque Demetrio lo interrumpió. Demetrio, ya muy enojado, está listo para decirle a Jamie de qué trata la historia de su bisabuela. Le explica que, según el testamento de doña Josefa, las propiedades en manos de Silvestre Aguilar le pertenecen a Jamie y no a él. Por eso Aguilar mandó a un ladrón para tratar de robar el documento, pero Demetrio lo tenía escondido. Y ahora le da el testamento a ella y le aconseja que consulte con un buen abogado. Después Jamie le cuenta a Carlos toda esta información mientras van al campo a ver la Hacienda la Jacaranda.

Esa noche, después de ver un programa de televisión sobre el Día de los Muertos, Jamie sueña que se le aparece Silvestre Aguilar. Él la amenaza: si quiere volver a su país tiene que olvidarse del testamento. Pero luego, se le aparece La Catrina y le dice que ella, su biznieta, es la legítima propietaria de sus tierras.

Vocabulario

daño	Si alguien o algo te hace **daño,** te hace algo malo.
enojado, -a	Demetrio está de muy mal humor por las acciones del ladrón. Está **enojado** con don Silvestre Aguilar.
abogado, -a	Persona que es especialista en asuntos legales.
un sueño	Cuando uno duerme, puede tener **un sueño.** Jamie tiene **un sueño** con su bisabuela.
pertenecer	Jamie es la dueña de las tierras. Las tierras le **pertenecen** a ella.

Frases importantes

tratarse de	**Se trata de** un crimen; es decir, es cuestión de un crimen que se ha cometido.
lo tenía escondido	Lo tenía en un lugar secreto y seguro.

Para pensar antes de mirar

1. To what extent are children responsible for "the sins of their forefathers"? Would you feel guilty about benefitting from a mistake or an illegal act an ancestor may have done? Why?

2. Do you know what steps are necessary to make a document legal or official?

3. Can you remember your dreams? Can you usually trace them to something going on in your life? Give an example.

4. Do you think your dreams have an effect on your life? How?

La Catrina

Episodio 10

DESPUÉS DEL VIDEO

¿Viste bien?

Look at the following scenes from the video. Write in the box the number of the statement that corresponds to each photo. (There are eight statements altogether.)

□

□

□

□

1. Carlos está hablando con Jamie porque ella lo llamó diciendo que quería ir con él a la Hacienda la Jacaranda.

2. Demetrio le está mostrando a Jamie que la firma en la foto de La Catrina y la firma de su testamento son iguales.

3. Un vendedor les está mostrando a Carlos y a Jamie cómo funciona el equipo de fumigación de pesticidas, para ver si ellos quieren comprarlo.

4. Don Silvestre se le aparece a Jamie durante un sueño y le dice que si quiere regresar a su país sana y salva, debe olvidarse del testamento.

5. Carlos está llamando al equipo de fútbol porque está enojado con los jugadores, que perdieron el juego.

6. Don Demetrio quiere que Jamie firme su nombre para obtener una tarjeta para sacar libros de la biblioteca de Querétaro.

7. Uno de los trabajadores de la Hacienda la Jacaranda les está diciendo a Carlos y a Jamie que se vayan porque los pesticidas son muy fuertes.

8. Don Silvestre le está pidiendo a Jamie que se case con él.

Comprensión

A. Write the letter V *(verdad)* for those statements that are true and the letter F *(falso)* for those that are false.

_____ 1. Un ladrón que trabaja con don Silvestre entró a la biblioteca de Querétaro para tratar de robar el testamento de La Catrina.

_____ 2. Don Demetrio tiene una herida en la cabeza porque trató de atrapar al ladrón y tropezó.

_____ 3. Cuando La Catrina murió, ella le dejó todo su dinero y sus propiedades a la familia de don Silvestre.

_____ 4. Don Demetrio está bastante seguro de que Jamie es la heredera de una enorme fortuna.

_____ 5. Cuando Jamie llama a Carlos por teléfono, él está mirando un partido de básquetbol en la tele.

_____ 6. Carlos y Jamie llegan caminando a la Hacienda la Jacaranda.

_____ 7. En la Hacienda la Jacaranda, Carlos y Jamie miran unas plantas de maíz que están contaminadas.

_____ 8. Jamie y María miran la televisión toda la noche y ninguna de las dos se acuesta.

B. Look at the following scenes from *La Catrina*. Circle the letter of the statement that corresponds to each photo.

1. Demetrio le está dando a Jamie

   a. el testamento de La Catrina.

   b. una foto de don Silvestre.

2. Carlos y Jamie están en

   a. la Hacienda la Jacaranda.

   b. un parque cerca de Querétaro.

3. Jamie duerme de esta forma

    a. porque tiene miedo de la oscuridad.

    b. porque es un sueño.

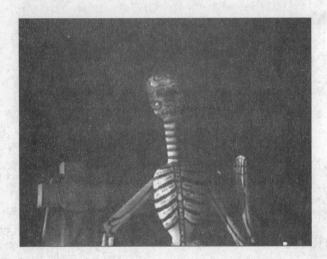

4. Esta calavera

    a. es la compañera de cuarto de Jamie.

    b. se le aparece a Jamie en un sueño.

Práctica de palabras

Circle the correct word in parentheses for each of the following quotations from the video.

1. "Tu bisabuela era una dama importante aquí. Ayudó mucho a los revolucionarios con su (sombrero / dinero / abogado) y su energía."

2. "El testamento es de la época antes de la (Revolución / Catrina / televisión) y puede ser que no sea válido."

3. "Me faltan pocos años para (tropezarme / retirarme / esconderme)."

4. "¡Cuántas veces te he dicho que una biblioteca necesita (testamentos / ladrones / silencio)!"

5. "¡No lo puedo (creer / comprar / mirar), usted me ha cambiado la vida!"

6. "En México, la fiesta del Día de (pesticidas / plantas / Muertos) también es divertida."

7. "Señorita González, yo soy el legítimo propietario de estas (calaveras / tierras / firmas)."

8. "Tú eres rica, pero no olvides a los (dulces / policías / pobres), Jamie."

Nombre

Fecha

Para escribir

Look at this scene from the video and write
a short paragraph in Spanish explaining what
this person is telling Jamie, and why.

_____

_____

_____

_____

_____

_____

_____

_____

_____

_____

_____

_____

_____

_____

_____

_____

_____

_____

_____

_____

La Catrina

Episodio 10

Nombre _____

Fecha _____

Predicciones

En el episodio siguiente dos de las personas del video van a alquilar una película de ciencia ficción. ¿Quiénes crees que serán estas dos personas?

1. _____

2. _____

NOTA CULTURAL

El Día de los Muertos

Después de celebrarse Halloween en los Estados Unidos, en México se celebra el Día de los Muertos. En el resto de Hispanoamérica se llama el Día de Todos los Santos y también se celebra el primero de noviembre. Pero en México es una celebración muy diferente. Como en otros aspectos de la religión y la cultura, en México la fiesta tiene sus raíces en la cultura indígena. Es un día para renovar el contacto con los parientes muertos, cuyas almas vuelven para recibir una ofrenda en forma de sus comidas favoritas.

Este día no es una ocasión triste. Al contrario, es una gran fiesta colorida en la que hay bailes y comidas. Todo lo que se usa en esa fiesta aparece en forma de calavera: las máscaras, los trajes, los panes y hasta los dulces. Es una manera de aceptar la muerte como una parte de la vida.

Vocabulario de la Nota Cultural

raíces	*roots*
indígena	*indigenous; native*
almas	*souls*
ofrenda	*offering*
calavera	*skull*
hasta los dulces	*even candies*

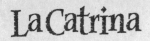
Episodio 11

ANTES DEL VIDEO

Resumen

• •

Don Silvestre Aguilar se pone cada vez más enojado por la presencia de Jamie González en Querétaro. En su oficina en la Hacienda la Jacaranda, les da instrucciones muy claras a su abogado y a sus ayudantes: tienen que impedir que "la niña" siga adelante con la investigación del testamento. Al final de la escena, su hijo le escucha hablándole a un retrato de La Catrina como si ella estuviera viva.

María y Felipe van al centro para alquilar un video. Escogen uno de ciencia ficción. Después de verlo en la casa de María, los dos hablan de sus vidas y del futuro. Es un momento romántico.

Esa noche, cuando María y Jamie están casi dormidas, oyen un ruido en la casa. Cuando bajan corriendo descubren a un ladrón, que se escapa pero sin poder robar lo que buscaba: el testamento de La Catrina.

La Catrina

Nombre _____

Episodio 11

Fecha _____

Vocabulario

impedir Don Silvestre no quiere perder las propiedades de La Catrina, por eso quiere **impedir** que Jamie encuentre la información que busca.

retrato Generalmente un **retrato** es una pintura o foto de la cara de una persona.

Frases importantes

como si estuviera viva Don Silvestre le habla a La Catrina como si no estuviera muerta. Pero ella murió hace muchos años.

Para pensar antes de mirar

1. Have you ever caught yourself talking to a photograph or to a television screen? Why?

2. Do you wonder what your life will be like in ten or twenty years? What do you think you will be doing then?

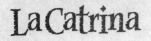
Nombre _____

Fecha _____

DESPUÉS DEL VIDEO

¿Viste bien?

Look at the following scenes from the video. Circle the letter of the
statement that corresponds to each photo.

1. Don Silvestre, sus ayudantes y su abogado
   están en su oficina

   a. porque están discutiendo cómo
      impedir que Jamie siga adelante.

   b. porque están planeando una fiesta para
      la familia de La Catrina.

2. María y Felipe van a esta tienda

   a. porque María quiere mostrarle a
      Felipe cómo son las tiendas en
      México.

   b. porque quieren alquilar un video para
      verlo juntos.

3. Las caras de María y de Felipe están tan cerca

   a. porque en México la gente siempre habla muy cerca.

   b. porque están casi besándose.

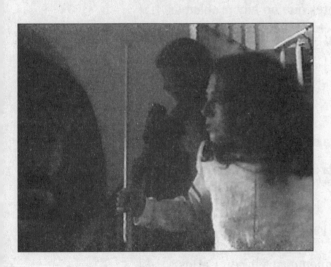

4. En la casa, de noche, Jamie tiene una escoba *(a broom)* en la mano

   a. porque está buscando a la persona que hizo un ruido.

   b. porque cree que el polvo se ve mejor en la oscuridad y va a limpiar la casa y barrer.

Comprensión

A. Circle the letter of the correct statement in the following pairs
of statements.

1. a. Don Silvestre le dice a su abogado que si el testamento es válido
        y sus empresas pierden dinero, no van a poder seguir pagándole
        a abogados como él.

    b. Don Silvestre le dice a su abogado que no debe preocuparse del
        testamento porque no hay peligro de perder dinero.

2. a. Don Silvestre les dice a sus ayudantes que Jamie no puede hacer
        nada sin documentos, y les sugiere que deben ir a su casa a robar
        el testamento.

    b. Don Silvestre les dice a sus ayudantes que no hay problemas
        porque el testamento de La Catrina no es válido.

3. a. Don Silvestre mira el retrato de La Catrina sin decir nada.

    b. Don Silvestre le habla al retrato de La Catrina y le llama una
        vieja tonta.

4. a. María y Felipe escogen una película de misterio.

    b. María y Felipe escogen una película de ciencia ficción.

5. a. María y Felipe miran la película en la casa de María.

    b. María y Felipe miran la película en la tienda de video.

6. a. Jamie le dice a María que al día siguiente va a ir con Carlos a
        la Ciudad de México para hablar con una abogada.

    b. Jamie le dice a María que al día siguiente va a ir con Carlos a
        la tienda de video para alquilar la misma película que María
        y Felipe vieron.

7. a. María y Jamie atrapan al ladrón que quiere robar el testamento
        y luego llaman a la policía.

    b. María y Jamie tratan de atrapar al ladrón que quiere robar
        el testamento, pero él logra fugarse *(escape)*.

8. a. Jamie y María creen que Santana quiere ayudarles pero no
        saben quién es.

    b. Jamie y María creen que Santana es un amigo del ladrón.

B. Look at the following scenes from *La Catrina*. Circle the number of the statement that corresponds to each photo.

1. Don Silvestre está hablando con sus ayudantes porque quiere que ellos vayan a la casa de Jamie y le roben el testamento.

2. Don Silvestre quiere que sus ayudantes sigan al abogado para ver si está en contacto con Jamie.

1. Don Silvestre está hablando con su hijo Paco y no lo mira directamente porque está enojado con él.

2. Paco, el hijo de don Silvestre, escucha a su padre hablándole a un retrato de La Catrina.

Nombre

Fecha

1. Santana está tratando de atrapar al ladrón que se está escapando de la casa de María y Jamie.

2. María, Jamie y otras personas están bailando en la calle porque es un día de fiesta.

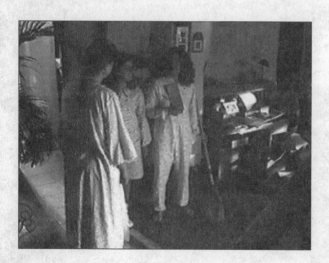

1. Jamie tiene en la mano un informe sobre el ladrón y quiere entregárselo a la policía al día siguiente.

2. Jamie tiene el testamento en la mano porque ella lo tenía escondido en su ropa y el ladrón no lo pudo encontrar.

Práctica de palabras

Circle the correct word in parentheses for each of the following quotations from the video.

1. "Habrá que convencer a la tal Jamie que vuelva a su (Carlos / país / biblioteca) enseguida, ¿comprenden?"

2. "¿Tú crees, vieja tonta, que después de tanto tiempo te voy a (vender / comprar / devolver) lo que ya es mío?"

3. "Las películas (tristes / norteamericanas / largas) son muy populares en México."

4. "No, aquí generalmente no se doblan las películas. La gente prefiere los (amigos / restaurantes / subtítulos)."

5. "¿Has pensado cómo (serás / comerás / viajarás) en diez o veinte años?"

6. "Supongo que seré el mismo pero estaré (lejos / guapo / casado) y mi esposa y yo tendremos treinta y ocho hijos."

7. "¿Qué tal la pasaste (con / sin / como) Felipe? ¿Bien?"

8. "María, ¿has oído ese (abogado / ruido / video)?"

Nombre

Fecha

Video Workbook

CRUCIGRAMA

Numbers in parentheses indicate the corresponding episode for each item.

Horizontales

3. Una máquina para recibir mensajes de teléfono. (9)

8. Bebida que se toma fría o caliente. El doctor le dice a María que la tome con limón. (9)

9. Una persona que viaja en naves espaciales. (11)

11. La persona que es responsable de algo. (8)

13. El lugar donde se compran medicinas y cosas como hilo dental y desodorante. (8)

16. Una persona que tiene mucho dinero. (10)

18. La estructura que está dentro del cuerpo de las personas y de los animales. Está hecha de huesos. (10)

21. Lo opuesto a ruido. Demetrio dice que esto es necesario en la biblioteca. (10)

22. El verbo que significa volver a darle algo a una persona porque es de ella. (11)

23. Los que no están vivos. En México hay un día de fiesta para ellos. (10)

25. En las casas, es la habitación donde la gente come. (11)

26. Cambio del idioma de una película extranjera al idioma de la audiencia local. (11)

27. Otra palabra para "descanso." María lo necesita para sentirse mejor. (9)

Verticales

1. Otra palabra para "contaminar". Los productos contaminados pueden ___ a las personas que los comen. (9)

2. La profesión de la licenciada Beltrán. (11)

4. La condición de una mujer que va a tener un niño. (8)

5. Las partes móviles en que terminan las manos. Tenemos cinco en cada mano. (9)

6. Verbo que significa dar protección. (8)

7. La clase de dulces que no son los preferidos de María. (8)

10. Cortarse la barba. (8)

12. La parte del cuerpo que tiene dedos y que se usa para escribir. (11)

14. Una píldora que generalmente se toma para el dolor de cabeza. (9)

15. La persona que recibe la propiedad de un familiar que se muere. (10)

17. Una persona que comete un crimen. (10)

19. Una persona que no está bien de salud. (9)

20. Hablar en voz muy alta. (8)

24. El verbo que significa quitarle la propiedad a una persona sin su permiso. (10)

La Catrina

Episodio 11

Nombre _____

Fecha _____

Video Workbook

Para escribir

Look at this photo of María and Felipe and write an explanation in Spanish of what Felipe is doing and saying.

_____
_____
_____
_____
_____
_____
_____
_____
_____
_____
_____
_____
_____
_____
_____
_____
_____
_____
_____
_____
_____

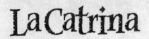

La Catrina

Episodio 11

Nombre

Fecha

Predicciones

En el Episodio 12 Jamie y Carlos tienen que ir a hablar con una abogada en la Ciudad de México sobre el testamento de La Catrina. Adivina qué otros lugares visitan mientras esperan la cita con la abogada.

NOTA CULTURAL

Las películas extranjeras

Para presentar una película extranjera o en otro idioma, hay dos maneras posibles de hacerla comprensible: cambiar el idioma al de la audiencia local (el doblaje), o poner subtítulos en la parte inferior de las escenas. Es interesante notar que la manera preferida varía según el país. En los Estados Unidos, casi siempre las películas extranjeras vienen con subtítulos, y en México también es así. En cambio, en España las películas son casi siempre dobladas, un proceso caro y complicado. Por bueno que sea el doblaje, raras veces es posible conservar la calidad original que viene de la voz de los actores. En la televisión casi siempre se emplea el doblaje porque leer subtítulos en una pantalla pequeña es difícil. En Norteamérica es muy raro ver un programa de televisión en otro idioma, con la excepción de unos pocos canales.

Aunque se tenga que resolver el problema del inglés, las películas y programas de televisión producidos en los Estados Unidos son muy populares en el resto del mundo.

Vocabulario de la Nota Cultural

el doblaje	*dubbing (a film)*
por bueno (malo, etc.) que sea	*no matter how good (bad, etc.) it may be*
la pantalla	*screen (theater, television)*

Episodio 12

ANTES DEL VIDEO

Resumen

• •

Jamie y Carlos van a la Ciudad de México para hablar con la
licenciada Beltrán, una abogada y amiga de la familia de Carlos.
Como llegan al D.F. un poco temprano, los dos deciden visitar
varios sitios culturales de la capital. De gran interés para Jamie
es el famoso mural *Sueño de una tarde dominical en la Alameda
Central,* de Diego Rivera. Jamie tiene una reproducción del
mural en su cuarto de Los Ángeles.

Después van a la oficina de la licenciada Beltrán. Ella les dice
que ha estudiado el testamento y que, en su opinión, es posible
que sea válido. Indica en un dibujo las varias partes de la
enorme herencia: la hacienda, el hotel y las otras propiedades,
pero también le advierte a Jamie que don Silvestre Aguilar es
poderoso, y que el caso tiene que ser decidido en la corte de
Querétaro. Según ella, si la corte decide a su favor, tendría que
pagar una gran cantidad de dinero en forma de impuestos. Pero
la abogada también dice que, si Jamie quiere, está dispuesta a
representarla.

Vocabulario

D.F.	**D.F.** significa "Distrito Federal" y se refiere a la Ciudad de México, capital de México. Equivale a cuando en los Estados Unidos se dice Washington, D.C. (Distrito de Columbia).
dibujo	La licenciada Beltrán utiliza un **dibujo** para explicar gráficamente la herencia.
advertir	Decir a alguien de un peligro. Unas advertencias son: ¡Peligro! o ¡Cuidado!
los impuestos	Una cantidad de dinero que generalmente se paga al gobierno una vez al año.
dispuesto, -a	Alguien que está preparado(a) para hacer algo. La licenciada Beltrán está **dispuesta** a ayudar a Jamie.

Para pensar antes de mirar

1. Sometimes a photograph, a painting or a scene from a film can symbolize something very important to an entire nation. Can you think of such an example in recent history?

2. If you are in the right and your cause is just, explain why you might still need to hire a lawyer.

DESPUÉS DEL VIDEO

¿Viste bien?

Circle the letter of the statement that expresses correctly what is happening in each photo.

1. Carlos está

   a. practicando para hacer el papel de Tarzán en una película.

   b. posando para fotos que Jamie quiere tomar mientras ellos están en varios lugares de la Ciudad de México.

2. Carlos está

   a. pagándole al taxista porque los llevó a Jamie y a él a muchos lugares en su bicicleta.

   b. felicitando a este hombre porque ganó una carrera de bicicletas.

3. Carlos y Jamie están

   a. viendo una película antigua sobre el arte de México.

   b. viendo en el museo el famoso mural *Sueño de una tarde dominical en la Alameda Central,* de Diego Rivera.

4. Carlos y Jamie están aquí

   a. porque tienen una cita con la licenciada Beltrán, una abogada que les va a ayudar.

   b. porque Carlos está buscando trabajo para ganar dinero y poder casarse con Jamie.

Comprensión

A. Write the letter V *(verdad)* for those statements that are true and the letter F *(falso)* for those that are false.

_____ 1. Don Silvestre, Felipe y María aparecen en un famoso mural de Diego Rivera.

_____ 2. La licenciada Beltrán no está en su oficina cuando Carlos y Jamie llegan a la cita que tienen con ella.

_____ 3. La licenciada Beltrán conoce a la madre de Carlos.

_____ 4. La licenciada Beltrán dice que la herencia de Jamie es grande.

_____ 5. Si Jamie recibe su herencia, no tendrá que pagarle dinero al gobierno de México.

_____ 6. La opinión de la licenciada Beltrán es que el testamento de Jamie no es válido.

_____ 7. El caso del testamento puede ser decidido en la corte de la Ciudad de México.

_____ 8. La licenciada Beltrán dice que a ella le encantaría ayudarle a Jamie a resolver los problemas del testamento de La Catrina.

B. Draw lines to connect the photos to the corresponding statement.

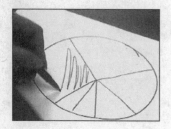

1. La abogada les está mostrando a Carlos y a Jamie cómo se divide la herencia de Jamie y cuánto hay que pagarle al gobierno.

2. Carlos y Jamie acaban de saludar a la licenciada Beltrán y están sentándose para discutir la herencia.

3. Carlos le está mostrando a Jamie algunas de las personas famosas de la historia de México.

4. La licenciada Beltrán les dice a Carlos y a Jamie que los va a ver en Querétaro, y le pide a Carlos que salude a su mamá.

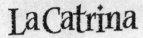

La Catrina

Nombre _____

Episodio 12

Fecha _____

Práctica de palabras

Below are several quotes that have a missing word. Choose the correct word from the list and write it in the appropriate blank.

Catrina	declarar	famoso	heredera	mamá
niño	pagar	poder	presidente	valen

1. "¡Por fin! El _____ mural de Diego Rivera."

2. "Éste que está aquí es Porfirio Díaz, el último

    _____ antes de la Revolución."

3. "Por aquí está la pintora Frida Kahlo con Diego Rivera cuando

    era _____ ."

4. "¿Puedes creer que yo sea la _____ de toda esa

    fortuna?"

5. "Pues pareces una verdadera _____, Jamie."

6. "La herencia es muy grande y las propiedades

    _____ mucho."

7. "Esta parte es el dinero que deben _____ al

    gobierno."

8. "Silvestre Aguilar usará todo su _____ para

    conseguir quedarse con todo."

9. "Y como primer paso, hay que _____ válido el

    testamento de doña Josefa de González en la corte de Querétaro."

10. "Salúdame a tu _____ , Carlos."

Para escribir

Write a short paragraph in Spanish explaining the connection between the mural and the story of *La Catrina*. (For additional information on the mural, read the **Nota cultural** at the end of Episodio 13.)

_____

_____

_____

_____

_____

_____

_____

_____

_____

_____

_____

_____

_____

_____

_____

_____

_____

_____

_____

_____

La Catrina

Episodio 12

Predicciones

En el Episodio 13 Jamie y su abogada y don Silvestre y su abogado tienen que ir a la corte de Querétaro para hablar con el juez. El señor Manchado, abogado de don Silvestre, le dice al juez que el testamento no es legal por tres razones. Adivina una de las tres razones que el abogado le presenta al juez.

_____

_____

NOTA CULTURAL

Los muralistas

Se puede decir que el arte más famoso de México es el arte del mural. Un mural es una pintura sobre un muro en que el yeso que se le aplica todavía está húmedo. Por eso las famosas pinturas del renacimiento italiano llevan el nombre de "frescos," como los de Miguel Ángel. Los indígenas precolombinos de México también practicaban una forma del arte mural, como se ve en Teotihuacán y Bonampak.

Los muralistas mexicanos más famosos son José Clemente Orozco, David Alfaro Siqueiros y Diego Rivera. La esposa de Rivera, Frida Kahlo, también era una artista de alta calidad. Rivera pintó murales, no sólo en México sino también en varias ciudades de los Estados Unidos, como San Francisco, Detroit y Nueva York. Sus murales siempre reflejaban temas históricos y sociales, como se puede ver en el mural que Jamie y Carlos miran en este episodio.

Vocabulario de la Nota Cultural

yeso	*plaster*
Miguel Ángel	*Michelangelo (famous Italian Renaissance painter, sculptor, architect, and poet)*
los indígenas	*native peoples; indigenous peoples*
Teotihuacán y Bonampak	*Centers of indigenous civilization in Mexico whose ruins have been preserved*

Episodio 13

Episodio 13

ANTES DEL VIDEO

Resumen

Antes de volver a Querétaro, Jamie y Carlos están cenando en un restaurante de la Ciudad de México. Hablando sobre lo que les dijo la abogada, Carlos opina que la reacción de don Silvestre Aguilar sería mucho más agresiva si no fuera un candidato para el Congreso.

Al día siguiente todos están presentes en la corte. El abogado de don Silvestre dice que el testamento no es legal por tres razones: 1) falta un sello oficial, 2) no tiene firma de un testigo, y 3) las leyes han cambiado desde la época de doña Josefa de González, La Catrina.

Después habla la licenciada Beltrán y presenta los argumentos a favor de la familia González. Llama a un testigo, el señor Barbudo, de la oficina de impuestos. Después de considerar los argumentos de ambos lados, el juez llega a una decisión: las tierras son de Jamie González. Más tarde, en una fiesta para celebrar la decisión del juez, Jamie le confiesa a Carlos que todo es más complicado de lo que ella pensaba, y que tiene que consultar con su familia.

La Catrina

Nombre _____

Episodio 13

Fecha _____

Vocabulario

opinar   Cuando una persona da su opinión sobre algo.

si no fuera   Don Silvestre Aguilar es candidato para el Congreso; **si no fuera** candidato, su reacción sería más agresiva.

sello oficial   Una estampilla que prueba que un documento es oficial o legal.

testigo   Alguien que está presente cuando ocurre algo legal o ilegal. (En inglés se dice: *witness.*)

Para pensar antes de mirar

1. Do you think a person's wealth, education, and background have anything to do with winning a case in court? Do you think such factors influence a supposedly impartial process? Why?

2. Can you give specific examples of foods from other countries that have become popular in the United States?

DESPUÉS DEL VIDEO

¿Viste bien?

Look at the following scenes from the video. Choose the number of the
statement that corresponds to each photo and write it in the box.

1. El camarero del restaurante es en realidad un espía contratado por don Silvestre y está escribiendo notas sobre Jamie.

2. Santana está conociendo a Jamie y a Carlos porque Demetrio se los presentó.

3. Don Silvestre está enojado porque el juez decidió que sus tierras y propiedades son de Jamie.

4. Felipe y María están en un restaurante donde no hay camareros y los clientes se sirven la comida ellos mismos.

5. Felipe y María están probando la salsa y otros antojitos en una fiesta que hay para celebrar la decisión del juez a favor de Jamie.

6. Don Silvestre está enojado porque no puede ir a una fiesta que hay para Jamie.

7. Santana está mostrándoles a Demetrio, a Jamie y a Carlos una herida que tiene en la cabeza porque tuvo un accidente.

8. El camarero está escribiendo lo que Carlos y Jamie quieren comer y tomar en el restaurante.

Comprensión

A. Circle the letter of the correct ending for the following statements.

1. En el restaurante, Jamie y Carlos

   a. quieren tomar leche con su comida.

   b. quieren tomar refrescos.

2. Carlos cree que la bisabuela de Jamie

   a. pensaría que ella es una magnífica Catrina por estar tratando de recuperar su herencia.

   b. pensaría que es mejor para Jamie olvidarse de la herencia y volver a los Estados Unidos.

3. El señor Manchado, abogado de don Silvestre, dice que

   a. el testamento no es válido por una sola razón.

   b. el testamento no es válido por tres razones.

4. La licenciada Beltrán, abogada de Jamie,

   a. presenta a un testigo de Los Ángeles que conoce a Jamie y que sabe que ella es de la familia González.

   b. presenta a un testigo de la oficina de impuestos, que dice que las propiedades están a nombre de doña Josefa de González.

5. El juez piensa que

   a. don Silvestre ha abusado de las leyes.

   b. don Silvestre ha sido siempre muy honrado.

6. En la fiesta, María le dice a Felipe que

   a. los "antojitos" son lo que se llaman *snacks* en inglés.

   b. los "antojitos" son una clase de instrumento musical de la música mexicana.

7. En la fiesta, Carlos le dice a Jamie que

    a. la gente de Querétaro piensa que ella le debe devolver las propiedades a don Silvestre.

    b. la gente de Querétaro la admira.

8. Cuando Jamie conoce a Santana, ella

    a. cree que no lo ha visto nunca en su vida.

    b. cree que lo ha visto antes en algún lugar.

B. Circle the letter of the statement that corresponds to each photo.

1.   a. El señor Manchado, abogado de don Silvestre, le está pidiendo al juez que decida a su favor porque necesita el salario que don Silvestre le paga.

    b. El señor Manchado le está diciendo al juez que el testamento no es válido.

2.   a. La licenciada Beltrán, la abogada de Jamie, le está diciendo al juez que Jamie tiene una fiesta esta noche y que él debe asistir.

    b. La licenciada Beltrán está diciendo que, según el testamento, las propiedades son de Jamie porque es la primera persona de la familia González que ha venido a Querétaro.

3. a. El juez está diciendo que ha tomado una decisión y que el testamento es legal.

    b. El juez toca música en un grupo de rock y está practicando su percusión.

4. a. Este hombre quiere una cita con Jamie y le está preguntando si quiere salir con él.

    b. Este hombre es una de las varias personas en la fiesta que felicitan a Jamie.

Práctica de palabras

Circle the correct word in parentheses for each of the following quotations from the video.

1. "La licenciada Beltrán dice que pronto tendré que presentarme en la (fiesta / corte / clínica)."

2. "He (dormido / leído / pagado) el testamento de doña Josefa de González."

3. "Todas mis tierras y bienes pertenecen al primer miembro de mi (equipo / club / familia) que se presente en Querétaro."

4. "Señor Juez, con su permiso quiero presentar a un (testigo / extranjero / pesticida), el señor Barbudo, de la oficina de impuestos de Querétaro."

5. "Es una niña . . . una adolescente, no sabe nada de nuestras (costumbres / salsas / leyes)."

6. "El testamento es claro, todas las tierras, la Hacienda la Jacaranda y el Hotel Jacaranda de San Miguel de Allende, (consultan / pertenecen / escuchan) a Jamie González."

7. "Mañana, cuando firmes los (autógrafos / periódicos / papeles), tú y tu familia serán ricos."

8. "Santana, te (muestro / presento / robo) a Jamie y a Carlos."

Nombre _____

Fecha _____

Video Workbook

Para escribir

Below are photos of three people who went to the courthouse to attend the hearing on Jamie's property. For each photo, write a sentence in Spanish explaining why you think that person was there.

_____
_____
_____
_____
_____

_____
_____
_____
_____

_____
_____
_____
_____

La Catrina

Predicciones

La última escena del Episodio 14 ocurre en un lugar que ya viste en uno
de los episodios anteriores de *La Catrina*. Adivina en qué lugar ocurre.

_____

_____

NOTA CULTURAL

El mural "Sueño de una tarde dominical en la Alameda Central," de Diego Rivera

Este mural representa tres épocas principales en la historia de México: la
Conquista, la dictadura de Porfirio Díaz y la Revolución. La Alameda Central es
el nombre de un parque en el centro de la Ciudad de México. El mural fue
pintado en 1948 en el comedor del Hotel del Prado, pero más tarde lo
cambiaron a la entrada del hotel.

El mural tiene cuatro paneles, en los que están representadas muchas
de las figuras importantes de la historia de México. Arriba tenemos el panel
central, donde se ve al mismo Diego Rivera cuando era niño. Tiene de la mano
a un esqueleto de una mujer rica—modelo de La Catrina de nuestra serie.
Al lado de ella está el grabador José Guadalupe Posada, conocido por las
ilustraciones en forma de calaveras y por ser maestro de Diego Rivera. Detrás
del niño Rivera están, a la izquierda, José Martí, el gran poeta cubano; y Frida
Kahlo, gran artista y esposa de Rivera. Arriba a la derecha se ve al General
Porfirio Díaz con la bandera de México. Díaz fue dictador de México durante
35 años, hasta 1910, cuando empezó la Revolución Mexicana.

Vocabulario de la Nota Cultural

grabador	*engraver, illustrator*
calavera	*skull*

La Catrina

Nombre _____

Fecha _____

Episodio 14

ANTES DEL VIDEO

Para no anticipar el final de la historia, en este episodio no ofrecemos un resumen. En su lugar presentamos varios objetivos que han motivado a algunos de los personajes de *La Catrina*. Identifica a cuáles de los personajes en la lista pertenece cada objetivo. En algunos casos, más de un personaje puede tener el mismo objetivo.

Silvestre Aguilar	Demetrio Alcocer	Felipe Armstrong	Jamie González
María Linares	Carlos Navarro	Santana	

1. Tener un gran deseo de ayudar a México.

   _____

2. Asistir a la universidad y tener una carrera.

   _____

3. Ser un magnífico detective.

   _____

4. Ser miembro del Congreso de México.

   _____

5. Combatir la contaminación.

   _____

6. Retirarse con una buena pensión.

   _____

7. Viajar mucho entre México y los Estados Unidos.

_____

8. Aprender a nadar y a bailar mejor.

_____

9. Hacer más popular la lectura de libros.

_____

10. Estudiar inglés.

_____

Ahora, ¿puedes explicar tu selección al resto de la clase?

Para pensar antes de mirar

1. Based on your own experience, what are the main goals that motivate people?

2. Do you believe that there are strong enough causes that would make you pass up personal gain (money, job, property)? If your answer is yes, can you list some of these possible causes?

3. What do you think are some extra obstacles that might interfere with romantic relationships between young people living in different countries? Are there any advantages to these kinds of relationships?

DESPUÉS DEL VIDEO

¿Viste bien?

Draw a line connecting each quote to the corresponding photo.

1. "¡Parece que hemos entrado en las relaciones internacionales!"

2. "La licenciada Beltrán me ha informado que usted quiere hacer una declaración con respecto a su herencia."

3. "¿Qué pasa que nos llamas así? ¿Hay algún problema? ¿Estás bien?"

4. "Sí, es una decisión difícil, pero no creo que cambie de parecer. . . . Sé que mi familia me apoya, y eso me basta."

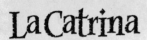

La Catrina

Episodio 14

Comprensión

A. Circle the letter of the correct ending for each statement based on the video.

1. Si Jamie acepta toda la herencia

   a. no hay ningún problema.

   b. tiene que pagar muchos impuestos pero puede volver a los Estados Unidos a estudiar en la universidad.

   c. no sólo tiene que pagar impuestos, sino que tiene que vivir en México y no podría volver a los Estados Unidos a estudiar en UCLA.

2. Carlos quiere que Jamie

   a. tenga mucho cuidado al decidir qué hacer sobre la herencia.

   b. no piense tanto en la decisión porque no quiere que esté preocupada.

   c. vuelva a llamar a sus padres para que todos estén seguros de lo que quieren decidir.

3. En la corte, Jamie explica que su decisión es que

   a. quiere quedarse con toda la herencia.

   b. quiere darle la hacienda y las tierras a Operación Aztlán, pero que el hotel quede a nombre de su familia.

   c. quiere dárselo todo a Operación Aztlán.

4. Una condición de la decisión de Jamie es que

   a. Carlos vaya a visitarla a Los Ángeles.

   b. el nombre de la Hacienda la Jacaranda cambie a Hacienda la Catrina, el nombre que tenía originalmente.

   c. todo el mundo piense que ella es una heroína.

5. Después de que Jamie hace su declaración en la corte,

   a. ella y Carlos caminan por la Alameda, y hablan de que ya que el hotel es de la familia González, Jamie puede volver a Querétaro a visitar a Carlos.

   b. ella y Carlos van directamente a la estación del tren.

   c. ella y Carlos caminan por la Alameda y no hablan más de la decisión.

6. En la estación del tren, Jamie

   a. no se despide de Demetrio.

   b. le da un abrazo a Demetrio pero no le dice nada.

   c. le da un abrazo a Demetrio y le dice que su familia nunca olvidará el gran favor que él les hizo.

7. En la estación del tren, María le dice a Felipe que

   a. no quiere que le escriba.

   b. no le diga nada sino que le escriba después y le cuente cómo se siente.

   c. no se vaya.

8. En el momento en que está lista para subirse al tren, Jamie

   a. le da a Carlos la fotografía de La Catrina.

   b. le da a Carlos su número de teléfono en Los Ángeles y le dice que la llame con frecuencia.

   c. le da dinero a Carlos para que vaya a verla a los Estados Unidos.

B. Look at the following scenes from the video. Circle the letter of the correct ending for each statement.

1. Jamie está hablando por teléfono

   a. porque quiere consultar con sus padres sobre la herencia.

   b. porque quiere pedirles a sus padres que le manden más dinero.

2. Jamie está en la corte porque

   a. el juez dice que tiene que devolverle las propiedades a don Silvestre.

   b. con la excepción del Hotel la Jacaranda, quiere darle todas sus propiedades a Operación Aztlán.

3. En la Alameda, Jamie y Carlos

   a. están discutiendo los efectos de la decisión de Jamie en su relación.

   b. están discutiendo qué sabor de nieve (helado) quieren comprar.

4. Jamie tiene este anillo

   a. porque lo encontró al entrar a la estación del tren y no sabe de quién es.

   b. porque Paco, el hijo de don Silvestre, se lo dio y le dijo que perteneció a La Catrina.

Práctica de palabras

Below are several quotes that have a missing word. Choose the correct word from the list and write it in the appropriate blank.

ayudar	favor	impuestos	original
residentes	salud	visitaré	volveremos

1. "Papá, tenías razón: tu abuela era una mujer riquísima. Y ¿sabes qué? El testamento _____ me nombra la heredera de todo eso."

2. "El problema es éste: si aceptamos toda la herencia, hay _____ que pagar, muchos."

3. "México tiene leyes muy especiales con respecto a las tierras y los extranjeros que no son _____ allí."

4. "Todos los árboles de la Hacienda la Jacaranda están contaminados por los pesticidas. Y tú con Operación Aztlán puedes _____ a solucionar el problema."

5. "La hacienda servirá para la investigación agrícola, para proteger la _____ de los campesinos y para producir frutas y cosechas más saludables."

6. "Nos ha hecho un gran _____ , don Demetrio. Mi familia y yo nunca lo olvidaremos."

7. "Felipe, ya. Si no es el fin del mundo. Estoy segura que nos _____ a ver."

8. "Muy pronto te _____ en Los Ángeles."

Crucigrama

Numbers in parentheses indicate the corresponding episode for each item.

Horizontales

2. Algo que no es fácil. (14)

3. Nombre original de la Hacienda la Jacaranda: Hacienda la ____ . (14)

5. Lo opuesto de "inválido." (12)

6. La persona que está encargada de un país. Porfirio Díaz fue uno en México antes de la Revolución. (12)

8. El verbo que significa tener admiración hacia otra persona. (13)

11. Algo que no es simple. (14)

14. Joya de oro o plata que se pone en el dedo. Los que están casados lo usan. (14)

16. Algo que no se puede hacer. Algo que no es posible. (14)

17. Animales de mar que se comen de muchas maneras: en coctel, empanizados o al ajillo. (13)

18. Según la abogada, Jamie tiene que pagar impuestos al ____ de México. (12)

19. El apellido de la abogada que va a ayudar a Jamie. (12)

Verticales

1. Algo que hacemos cuando escribimos un cheque o cuando compramos con tarjeta de crédito. (13)

2. Acción de tomar una decisión. (14)

4. Algo que pica mucho. Es una característica de los chiles. (13)

7. Evento para elegir al presidente, a los congresistas y a los alcaldes. (13)

8. Comida mexicana que se sirve en porciones pequeñas. Son como las tapas en España. (13)

9. Lo que se estampa en un documento para hacerlo legal. (13)

10. Acción de pasar un rato feliz y alegre. Pasarla bien. (14)

12. Cuando una persona habla con otra para pedirle consejo. Jamie hace esto con sus padres. (14)

13. La persona a la que un abogado llama para ayudarle a resolver un caso. El señor Barbudo es una de estas personas. (13)

15. El verbo que significa tener una celebración. (12)

Para escribir

In the following three scenes Jamie is saying good-by to three people she has met since she arrived in Querétaro. Write a brief paragraph in Spanish explaining the importance of each of these three people in Jamie's life.

_____

_____

_____

_____

_____

_____

_____

_____

_____

_____

_____

_____

_____

_____

_____

_____

_____

_____

_____

_____

_____

_____

_____

_____

_____

_____

_____

Predicciones

Adivina qué va a pasar en el futuro entre Jamie y Carlos. ¿Crees que ellos se verán de nuevo? ¿Crees que algún día ellos tendrán una relación romántica o crees que sería muy difícil para ellos? Discute lo que piensas con dos compañeros(as) y luego uno de ustedes puede presentar las conclusiones del grupo a toda la clase.

NOTA CULTURAL

La Revolución Mexicana

México sufrió la dictadura de Porfirio Díaz de 1875 a 1910. En 1910 estalló una revolución con grandes objetivos sociales: establecer una sociedad más justa con tierra para los campesinos y libertad para todos. En su fase militar, la Revolución duró diez años. Los jefes más famosos eran Pancho Villa en el norte y Emiliano Zapata en el sur. Una vez concluidas las guerras entre los varios ejércitos, un gobierno fue elegido para establecer la paz y el progreso. El partido que ha dominado la vida política del país durante casi todo el siglo XX es el PRI, o sea el Partido Revolucionario Institucional. Durante este período, México se ha convertido en un país moderno y estable, pero todavía quedan grandes problemas sociales.

Vocabulario de la Nota Cultural

estalló	*broke out*
ejércitos	*armies*
guerras	*wars*
paz	*peace*
partido	*(political) party*
siglo	*century*

VOCABULARIO ESPAÑOL - INGLÉS

Verb irregularities in the present tense are noted as follows:

1. Stem changes are indicated in parentheses: (ue), (ie), (i).

2. Spelling changes are indicated in parentheses: (g), (zc), (y).

NOTE: This is a basic vocabulary for use with this text and does not contain all of the vocabulary used in *La Catrina*. Students are encouraged to purchase one of the inexpensive paperback dictionaries to use with the entire series.

A

a to
abajo below, beneath
abierto, -a open
el **abogado, la abogada** lawyer
abrazar to embrace, to hug
el **abrazo** embrace
abrir to open
el **abuelo, la abuela** grandfather, grandmother
abusado, -a taken advantage of
acá here
acabar to finish
— **de** + *inf.* to have just (done something)
aceptar to accept
acerca de about
acercar(se) to approach
acompañar to accompany
aconsejar to advise
acostarse (ue) to go to bed
el **actor, la actriz** actor
el **acuerdo** agreement
de — all right
adelante forward
además besides, in addition to
adentro inside, within
adivinar to guess
la **advertencia** notice, warning
advertir (ie) to warn, to notify
afectar to affect

afeitarse to shave
agrícola agricultural
el **agua** water
ahogar(se) to choke, to drown
ahí there
ahora now
aislado, -a isolated
al (a + el) to the
alcanzar to reach, to attain
no — el tiempo there's not enough time
alegrar to make happy
alegrarse to be happy
alegre happy
la **alegría** happiness
algo something
es por — it's for some reason
alguien someone
alguno (algún), -a some
allá (over) there
allí there
el **alma** soul
alquilar to rent
alto, -a high
amarillo, -a yellow
ambiental environmental
el **ambiente** atmosphere, environment
ambos, -as both
la **amenaza** threat
amenazar to threaten

el **amigo, la amiga** friend
amistoso, -a friendly
amoroso, -a loving
el **anillo** ring
animadamente animatedly
los **anteojos** glasses
los **antepasados** ancestors
anterior before; previous
antes before(hand)
antes de before
el **anticuario, la anticuaria** antique dealer
las **antigüedades** antiques
antiguo, -a antique, old
los **antojitos** appetizers
el **año** year
apagar to turn off
aparecer (zc) to appear
la **apariencia** appearance
el **apellido** last name
aplicado, -a industrious, studious
aplicar to apply
el **apodo** nickname
apoyar to support
aprender to learn
la **aprobación** approval
apurarse to hurry
aquí here
el **árbol** tree
el **archivo** file, archive
arreglar to fix, to arrange

arrendar (ie) to rent
arriba above
la artesanía handicraft
el artículo article, item
el/la artista artist
asesinar to kill
así so, in this way
asistir to attend
el asunto matter, affair
asustarse to be frightened
el atardecer sunset
el atletismo athletics
atrapar to trap
aún still, yet
aunque even though, although
la ausencia absence
avanzado, -a advanced
averiguar to find out, to verify
el/la ayudante helper, assistant
ayudar to help, to assist

B

el bachiller (holder of) B.A.
  degree (U.S.); high school
  graduate (Mexico)
el bachillerato B.A. degree
  (U.S.); high school diploma
  (Mexico)
bailar to dance
el baile dance
bajar to go down, to descend
bajo, -a short, low
el baloncesto basketball
la bandera flag
el baño bath, bathroom
la barba beard
barbudo, -a bearded
barrer to sweep
basado, -a based
bastante enough, sufficient
bastar to be enough
beber to drink
la bebida drink
la beca scholarship
beneficiar to benefit
bello, -a beautiful
besar to kiss
el besito a little kiss
el beso kiss
la biblioteca library

el bibliotecario, la bibliotecaria
  librarian
bien well
los bienes goods, property
bienvenido, -a welcome
la bienvenida welcome
  dar la — to welcome
el bigote moustache
el bisabuelo, la bisabuela
  great-grandfather,
  great-grandmother
el biznieto, la biznieta
  great-grandson,
  great-granddaughter
blanco, -a white
la blusa blouse
la boca mouth
la boina beret
la bolsa purse, pocket
los bombones candies
bonito, -a pretty
el brazo arm
la broma joke
bromear to joke
bueno (buen), -a good
  por — que sea no matter
  how good it may be
buenas tardes good afternoon
buenos días good morning
buscar to look for

C

la cabeza head
cada each, every
el café coffee; café
café brown
la calavera skull
la calidad quality
caliente hot
la calle street
el calor heat
  hacer — to be hot (weather)
  tener — to be hot (person)
la cama bed
el camarero, la camarera waiter,
  waitress
cambiar to change
cambiarse to change clothing
el cambio change
caminar to walk

la camisa shirt
la camiseta T-shirt
el campeón, la campeona
  champion
el campesino, la campesina
  farmer, field worker
el campo field; area
el canal (TV) channel
cantar to sing
la cantidad quantity
la cara face
la carne meat
caro, -a expensive
la carrera career; race
el carro car; cart
la carta letter
la casa house
casado, -a married
casarse to get married
casi almost
catorce fourteen
la catrina a rich woman
la cebolla onion
cenar to dine
el centro center; downtown
cerca de near
cercano, -a nearby
cerrado, -a closed
cerrar to close
el chaperón, la chaperona
  chaperone
charlar to chat
el chicle chewing gum
el chico, la chica boy, girl
chico, -a small
los chilaquiles dish made with
  tortillas
el/la chofer driver, chauffeur
el ciclismo cycling
cierto, -a certain; true
cinco five
el cine movie (theater)
el círculo circle
la cita date, appointment
la ciudad city
clandestino, -a clandestine,
  secret
claramente clearly
claro, -a clear
¡claro! sure!
el clima climate
el coche car
la cocina kitchen

cocinar to cook
coleccionar to collect
el colegio high school
la colina hill
Colón Columbus
colorido, -a colorful
combatir to combat
el comedor dining room
comer to eat
los comestibles food; groceries
cometer to commit
la comida food; meal
como since, because, like
¿cómo? how? what?
cómodo, -a comfortable
el compañero, la compañera companion; classmate
comparar to compare
comprar to buy
las compras purchases
ir de — to go shopping
comprender to understand
comprensible understandable
comprobar (ue) to prove
comunicar(se) to communicate
con with
concluido, -a concluded, finished
concluir (y) to conclude
conducir (zc) to drive; to conduct
la conferencia lecture
confiar to trust
confundir to confuse
el congreso conference; congress
conocer (zc) to know, to meet
conocido, -a (well-)known
la conquista conquest
conseguir (i) to get, to obtain
— quedarse con todo to arrange to keep everything
consentir (ie) to favor; to consent
consentido, -a spoiled
conservar to preserve
consistir (en) to consist (of)
la contaminación pollution, contamination
contaminar to pollute, to contaminate

contar (ue) to count
contener (ie) to contain
contestar to answer
la contestadora answering machine
a continuación following; next
contra against
convencer (z) to convince
la corbata tie
el Corregidor chief magistrate of a Spanish town
la Corregidora wife of the chief magistrate
correr to run
cortar(se) to cut (oneself)
— la barba to shave off one's beard
el corte cut
la corte court
corto, -a short
la cosa thing
la cosecha harvest
la costa coast; cost
costar (ue) to cost
crecer (zc) to grow
creer to believe
la crema de afeitar shaving cream
el crimen crime
el crucigrama crossword puzzle
el cuadro picture
¿cuál?, pl. ¿cuáles? which? which one(s)?
cualquier(a) any; whatever
cuando when
¿cuándo? when?
¿cuánto, -a? how much?
¿cuántos, -as? how many?
el cuarto room; a fourth
el cuello neck
la cuenta bill
darse — de to realize
el cuerpo body
la cuestión matter, question
el cuidado care
tener — to be careful
la cultura culture
cumplir (con) to fulfill, to carry out
cuyo, -a whose

D

la dama woman, lady
el daño harm, damage
dar to give
darse cuenta de to realize
de of, from
deber should, ought to
decir (i) to say, to tell
el dedo finger
dejar to let; to allow; to leave
del (de + el) of the
demasiado adv. too, too much
demasiado, -a adj. too much, too many (pl.)
demostrar (ue) to demonstrate
el dependiente, la dependienta clerk
el deporte sport
deportivo, -a sport
deprimido, -a depressed
derecho, -a right
derecho straight
todo — straight ahead
derrotar to defeat
el desayuno breakfast
descansar to rest
el descanso rest
descubrir to discover
desde since, from
el deseo desire
desgraciado, -a shameless; unfortunate
el desodorante deodorant
despacio slowly
despedirse (i) de to say good-by
después afterward
— de after
el detalle detail
detrás de behind
devolver (ue) to return (an object)
D.F. (Distrito Federal) Federal District
el día day
diariamente daily
el dibujo drawing
dicho, -a said
la dictadura dictatorship

diez ten

difícil difficult

   por — que sea as difficult
      as it may be

el **dinero** money

directamente directly

dirigir (j) to direct

el **disco** record, disk

la **discoteca** discotheque

disculpar(se) to excuse
      (oneself)

discutir to discuss

diseñar to design

disgustado, -a irritated,
      angered

dispuesto, -a inclined, willing

divertido, -a fun(ny), amusing

divertirse (ie) to have fun

doblado, -a folded

el **doblaje** dubbing (film)

doblar to turn; to fold, to bend;
      to dub *(a movie)*

el **dolor** pain

dominar to dominate

el **domingo** Sunday

dominical *adj.* Sunday

don, doña Mr., Mrs./Madam
      (title of respect)

donde where

¿dónde? where?

dormido, -a asleep

dormir (ue) to sleep

dos two

la **duda** doubt

el **dueño, la dueña** owner

dulce sweet

los **dulces** candy, sweets

durante during

durar to last, to endure

E

e and

echar to throw (out)

la **ecología** ecology

la **economía** economy

la **edad** age

el **edificio** building

EE.UU., EU abbreviations for
      los Estados Unidos (USA)

efectivo: (el dinero) en —
      cash

el **ejemplo** example

el **ejército** army

   el **the**

   él he

la **electricidad** electricity

elegido, -a elected, chosen

ella she

ellos, ellas they

el **elote** corn

embarazada pregnant

el **emperador, la emperatriz**
      emperor, empress

empezar (ie) to begin

el **empleado, la empleada**
      employee

emplear to employ

el **empleo** job, employment

la **empresa** enterprise, company

en in, on, into

enamorado, -a in love

encantado, -a delighted

encantar to enchant, to delight

el **encargado, la encargada**
      person in charge

encender (ie) to turn on, to
      light

encontrar (ue) to meet, to find

el **enemigo, la enemiga** enemy

la **energía** energy

enfadar to anger

enfadarse to get angry

el **enfado** annoyance, anger

enfermarse to get sick

la **enfermedad** sickness, disease

el **enfermo, la enferma** sick
      person; patient (in a
      hospital)

enfermo, -a sick, ill

enfrente (de) in front (of),
      opposite

enojado, -a angry

enojarse to get angry

el **enojo** anger

enorme enormous

enseguida at once, right away

enseñar to teach

la **entrada** ticket; entry

entrar to enter

entre between

entregar to deliver; to turn in

el **entremetido, la entremetida**
      busybody

envenenado, -a poisoned

envenenar to poison

la **envidia** envy

la **época** period, epoch

el **equipo** equipment, team

el **escándalo** scandal

la **escena** scene

la **escoba** broom

escoger (j) to choose, to select

esconder to hide

escondido, -a hidden

escribir to write

escrito, -a written

el **escritor, la escritora** writer

escuchar to listen to

la **escuela** school

   — primaria elementary school

   — secundaria junior high
      school (Mexico); high
      school (U.S.)

   — superior high school
      (Mexico)

el **escultor, la escultora** sculptor

ese, esa that

eso *neuter* that

espacial *adj.* space

España Spain

español, -a Spanish

el **español** Spanish language

la **especialidad** specialty

esperar to hope; to expect

el/la **espía** spy

el **esposo, la esposa** husband,
      wife

el **esqueleto** skeleton

el **esquí** ski

   el — acuático water skiing

   estable stable

establecer (zc) to establish

la **estación** season; station

el **estado** state

los **Estados Unidos** the United
      States

estallar to explode, to break
      out

la **estampilla** stamp

estar to be

   — a punto de to be about
      to, to be on the verge of

este, esta this
éste, ésta this one
Estimado, -a . . . Dear . . .
   (formal salutation in letters)
esto *neuter* this (one)
el **estudiante, la estudiante**
   student
estudiar to study
el **estudio** study
la **estupidez** foolishness
evitar to avoid
el **éxito** success
exitoso, -a successful
explicar to explain
extranjero, -a foreign
extraño, -a strange

F

fácil easy
la **falta** lack, shortage
faltar to miss, to lack, to be
   short of
la **familia** family
el/la **familiar** relative
la **farmacia** pharmacy, drugstore
la **fase** phase
la **fecha** date
felicitar to congratulate
feliz happy
la **fiesta** party
figurar to figure
el **fin** end
las **finanzas** finances
la **firma** signature
firmar to sign
fracasar to fail
francés, francesa French
la **frase** sentence, phrase
frecuentemente frequently
fresco, -a fresh, cool
el **fresco** fresco (painting)
los **frijoles** beans
frío, -a cold
el **frío** cold
   estar — to be cold *(object)*
   hacer — to be cold
     (weather)
   tener — to be cold *(person)*
frito, -a fried

la **fruta** fruit
fuerte strong
funcionar to work, to function
fusilado, -a to be shot
fusilar to shoot
el **fútbol** soccer
   el **— americano** football

G

ganar to win; to earn
el **general** general (military title)
generalmente generally
la **gente** people
el **gobernador, la gobernadora**
   governor
el **gobierno** government
el **grabador, la grabadora**
   engraver, illustrator
grabar to engrave
gracias thanks, thank you
graduarse (ú) to graduate
gráficamente graphically
la **gramática** grammar
grande (gran) big; great
grave serious
gritar to shout
guapo, -a good-looking
guardar to put away; to guard,
   to keep
   — cama to stay in bed
la **guerra** war
gustar to please, to like
el **gusto** taste
   el — es mío the pleasure is
   mine
   mucho — pleased to meet
   you

H

haber to have (+ past
   participle)
había there was/were
hay there is/are
no hay como there's
   nothing like
tiene que — there has to be
la **habitación** room, bedroom
el/la **habitante** inhabitant
hablar to speak

el **hacendado, la hacendada**
   property owner
hacer (g) to do, to make
la **hacienda** large ranch or estate
hasta until; to; even
hecho, -a done, made
la **heladería** ice cream store
el **helado** ice cream
heredar to inherit
el **heredero, la heredera** heir,
   heiress
la **herencia** inheritance
la **herida** wound
el **héroe, la heroína** hero,
   heroine
el **hielo** ice
la **higiene** hygiene
el **hijo, la hija** son, daughter
el **hilo** thread
   el **— dental** dental floss
hispano, -a Hispanic
hispanoamericano, -a
   Hispanic American, Spanish
   American
el/la **hispanohablante** Spanish-
   speaker
la **historia** history; story
histórico, -a historic
la **hoja (de papel)** sheet (of
   paper)
el **hombre** man
honrado, -a honored,
   honorable
la **hora** hour, time
hoy today
el **hueso** bone
el **huevo** egg
húmedo, -a humid, damp
humorístico, -a humorous

I

idéntico, -a identical
identificar to identify
el **idioma** language
igual same, equal
igualmente equally, the same
ilustrar to illustrate
la **imagen** image
el/la **imbécil** imbecile
impedir (i) to impede, to
   prevent

importar to be important, to matter; to import

el **impuesto** tax

incluir (y) to include

inconcluso, -a inconclusive

el **indicio** indication

el/la **indígena** indigenous (person)

industrializarse to become industrialized

informarse to become informed

el **informe** report

el **inglés, la inglesa** English (man/woman)

el **inglés** English (language)

inmediatamente immediately

el/la **inmigrante** immigrant

el **insecticida** insecticide

insistir to insist

inspirar(se) to inspire

el **intercambio** exchange

interesante interesting

interesar to interest

intermedio, -a intermediate

interrumpir to interrupt

inválido, -a invalid

investigar to investigate

el **invitado, la invitada** guest

ir(se) to go (away)

izquierdo, -a left

J

el **jardín** garden

el **jardín de niños** kindergarten

el **jefe, la jefa** boss

joven young

el/la **joven** young man, young woman

la **joya** jewel

el **juego** game

el/la **juez** judge

el **jugador, la jugadora** player

jugar (ue) to play

juntar to join

juntos, -as together

justo, -a just, fair

juzgado, -a judged

el **juzgado** court

K

el **kinder** kindergarten

L

la, las the

el **labio** lip

el **laboratorio** laboratory

el **lado** side

del otro — from the other side

el **ladrón** thief, robber

la **lágrima** tear

largo, -a long

le, les (to) him/her/it/you, them

la **leche** milk

la **lectura** reading (selection)

leer to read

las **legumbres** vegetables

lejos de far from

la **ley** law

la **leyenda** legend

la **librería** bookstore

el **libro** book

licenciado, -a professional title for a lawyer

el/la **líder** leader

el **limón** lime or lemon

limpiar to clean

el **líquido** liquid

listo, -a ready (with *estar*); clever (with *ser*)

la **llamada** (phone) call

llamar to call

llamarse to be called, to be named

la **llegada** arrival

llegar to arrive

— a tiempo to arrive on time

llevar to take, to carry; to wear

llorar to cry

lo him, it

— que what, that which

la **localidad** locality

localizado, -a located

lograr to get, to obtain, to achieve

la **lucha** fight, struggle

luego then, next

el **lugar** place

el **lunes** Monday

la **luz** light

M

la **madre** mother

el **maestro, la maestra** teacher

magnífico, -a magnificent

el **maíz** corn

mal *adv.* badly

malo, -a bad

malcriado, -a rude, ill-mannered

la **mamá** mother

mandar to order; to send

la **manera** manner, way

la **mano** hand

mantener (ie) to maintain, to keep

mañana tomorrow

la **mañana** morning

la **máquina** machine

el **mar** sea, ocean

el **marido** husband

el **martes** Tuesday

más more

la **máscara** mask

matar to kill

la **mayoría** majority

me (to/for) me

media: la — hora half an hour

el **médico, la médica** doctor

médico, -a medical

el **medio ambiente** environment

los **medios** means, methods; media (of communication)

mejor better

mejorar(se) to improve

menos less

el **mensaje** message

el **mercado** market

el **mes** month

la **mesa** table

meter to put (into)

—se en los asuntos to meddle in the affairs

el **método** method

mi, mis my

mi casa es tu casa my house is your house

mí me (after preposition)

el **miedo** fear

tener — to be afraid

el **miembro** member
mientras (que) while
mientras tanto meanwhile
las **migas** soup made with bread, eggs, and chiles
militar military
mío, -a my, mine
mirar to look (at)
mismo, -a same; -self
el **misterio** mystery
la **moneda** coin
montar to ride
morir (ue) to die
mostrar (ue) to show, to demonstrate
moverse to move (physically)
móvil moveable, mobile
el **muchacho, la muchacha** boy, girl
mucho, -a much, a lot
la **muerte** death
muerto, -a dead
la **muestra** sample
la **mujer** woman; wife
el **mundo** world
el **muro** wall (exterior)
el **museo** museum
muy very

N

nacer (zc) to be born
nada nothing
  de — you're welcome
nadar to swim
nadie no one, nobody
la **natación** swimming
la **naturaleza** nature
la **nave** ship
la **necesidad** necessity
necesitar to need
el **negocio** business
ni neither
ni . . . ni neither . . . nor; not . . . or
la **nieve** snow; ice cream
ninguno (ningún), -a no, none, not any
el **niño, la niña** (young) boy, girl

los **niños** children
el **nivel** level
no no; not (before verb)
la **noche** night
nombrar to name
el **nombre** name
el **norte** north
Norteamérica North America; United States
norteamericano, -a North American
nos us
la **nota** note
notar to notice
las **novedades** news; novelties
el **novio, la novia** boyfriend, girlfriend
nuestro, -a our
las **nuevas** news
nueve nine
nuevo, -a new
el **número** number
nunca never

O

o or
o . . . o either . . . or
o sea that is
obedecer (zc) to obey
la **obra** work (of art, literature, music, etc.)
el **obrero, la obrera** worker
obtener (ie) to obtain
ocho eight
ocurrir to occur
ofrecer (zc) to offer
la **ofrenda** offering
el **oído** ear; hearing
oír (g) to hear
el **ojo** eye
olvidar to forget
opinar to have an opinion
opuesto, -a opposite
el **orden** order
la **oreja** ear
la **oscuridad** darkness
el **otoño** autumn
otro, -a other, another

P

el **padre** father
los **padres** parents
pagar to pay
la **página** page
el **país** country
el **pájaro** bird
la **palabra** word
el **pan** bread
el **panorama** panorama; view, scene
la **pantalla** screen
los **pantalones** pants
el **papá** father, Dad
el **papel** paper
para for, toward, to
parecer (zc) to seem, to appear
parecerse (zc) to resemble, to look like
la **pared** wall (interior)
la **pareja** couple
el/la **pariente** relative
los **particulares** details, particulars
el **partido** game, match; political party
pasado, -a last; past
el **pasado** past
pasar to happen, to pass; to spend (time)
  — el verano to spend the summer
  —lo bien to have a good time
pasear to take a walk or a stroll
el **paso** step
el **patrón, la patrona** landlord, landlady
la **paz** peace
pedir (i) to ask, to request
pelear to fight
la **película** film
el **peligro** danger
el **pelo** hair
  tomarle el — a uno to kid someone, to pull someone's leg
pensar (ie) to think
la **pensión** pension; inn or boarding house
peor worse
pequeño, -a small

la **percusión** percussion, drums
perder (ie) to lose
la **perfumería** perfume shop
el **periódico** newspaper
el **permiso** permission
pero but
el **perrito, la perrita**
small/young dog
la **persona** person
el **personaje** character
pertenecer (zc) to belong to
pesar to weigh
pesar: a — de in spite of
el **pescado** fish (in market)
el **pesticida** pesticide
el **pez** fish (live)
la **pierna** leg
la **píldora** pill
pintar to paint
el **pintor, la pintora** painter
pintoresco, -a picturesque
la **pintura** painting
la **piscina** swimming pool
el **piso** floor/story (of building)
planear to plan
la **pluma** feather
la **población** village, town;
population
pobre poor
poco little
poco, -a few
el **poder** power
poder (ue) to be able to, can
puede poco he/she can't
do much
poderoso, -a powerful
político, -a political
el **político, la política** politician
el **pollo** chicken
el **polvo** dust
poner (g) to put
—se to become, to get; to put
on (clothes)
por because of, for, per, by
por favor please
¿por qué? why?
el **porcentaje** percentage
porque because
portar to bear, to carry

posar to lay down, to put down;
to pose
el **precio** price
precisamente precisely,
exactly
precolombino, -a pre-
Columbian
preferido, -a preferred
preferir (ie) to prefer
la **pregunta** question
preguntar to ask a question
la **prenda** item of clothing or
jewelry
preocupado, -a worried
preocuparse to worry
la **preparatoria** high school
(Mexico)
presentar to present; to
introduce
**PRI (Partido Revolucionario
Institucional)** political
party in Mexico
primero (primer), -a first
principal main, principal
la **prisa** hurry
tener — to be in a hurry
privado, -a private
probar (ue) to test, to taste
probarse (ue) to try on
(clothing)
el **proceso** trial
producir (zc) to produce
el **profesor, la profesora** teacher
prohibir to prohibit
prometer to promise
pronto soon
la **propiedad** property
el **propietario, la propietaria**
owner; landowner
propio, -a own
proteger (j) to protect
próximo, -a next
la **prueba** proof, test
el **pueblo** town, village; people
la **puerta** door
el **puerto** port
pues well, then
el **punto** point
estar a — de to be about to,
to be on the verge of

Q

que who, which, that
¿qué? what?
quedar(se) to stay, to remain
—le a uno to be left, to be
remaining
—le bien a alguien to fit
well (clothing)
la **queja** complaint
quejarse to complain
querer (ie) to want, to wish;
to love
querido, -a dear
el **queso** cheese
¿quién(es)? who?
quien(es) who
químico, -a chemical
quitar to remove

R

raíz, *pl.* **raíces** root
rápido, rápidamente fast,
rapidly
raro, -a rare; strange
el **ratito** little while
el **rato** while
la **razón** reason
tener — to be right
la **realidad** reality
el/la **recepcionista** receptionist
recibir to receive
recobrar to recover
recoger (j) to pick up
recomendar (ie) to
recommend
referirse (ie) (a) to refer (to)
reflejar to reflect
el **refresco** drink, refreshment
el **regalo** gift
la **regla** rule
regresar to return
la **relación** relation, relationship
el **renacimiento** Renaissance
renovar (ue) to renew
el **reposo** rest, repose
el **resfriado** cold
resfriarse to catch a cold
resolver (ue) to solve, to
resolve

respecto a with regard to
el respeto respect
el/la responsable the one responsible
la respuesta answer
el resto rest, remainder
resultar to result
el resumen summary
retirarse to retire, to withdraw
el retrato portrait
la reunión meeting
revés: al — backward, to the contrary
el revolucionario, la revolucionaria revolutionary
revuelto, -a mixed up, scrambled
rico, -a rich
el rincón corner
riquísimo, -a very rich
robar to rob, to steal
el robo robbery
rojo, -a red
la ropa clothing
el ruido noise
las ruinas ruins

S

saber to know
el sabor taste, flavor
sabroso, -a delicious, tasty
salir (g) to leave
la salsa sauce
la salud health
saludable healthy
saludar to greet
Santo (San), Santa saint
sano, -a safe, healthy
— y salvo safe and sound
secundario, -a secondary
seguida: en — at once
seguir (i) to follow
según according to
segundo, -a second
la seguridad security, safety
seguro, -a sure; safe
seis six
el sello stamp, seal

la semana week
la semejanza similarity, resemblance
sentado, -a seated
sentarse (ie) to sit down
sentirse (ie) to feel
señor (Sr.) Sir, Mr.
el señor man
señora (Sra.) Mrs.
la señora woman
señorita (Srta.) Miss
la señorita young woman
ser to be
la serenata serenade
serio, -a serious
los servicios restroom(s)
servir (i) to serve
— para algo to be useful for something
si if
sí yes
siempre always
siete seven
el siglo century
el significado meaning
significar to mean
siguiente following, next
sin without
— embargo nevertheless, however
sino but (after a negative)
el sitio place
sobre on, over, on top of
el sobre envelope
la sociedad society
solamente (sólo) only
solo, -a alone, lonely
solucionar to solve, to resolve
el sombrero hat
sonar (ue) to sound; to ring
soñar (ue) to dream
el sonido sound
sorprendido, -a surprised
su, sus his, her, your (formal), their
subir to go up; to get on (bus, etc.)
el sueño dream; sleep
suficiente enough, sufficient
sufrir to suffer

sugerir (ie) to suggest
suponer (g) to suppose
el sur south
suyo, -a his, her(s), your(s), their(s)

T

tal, tales such
¿qué tal? how's it going?
la talla size (in clothing)
el tamaño size
también also, too
tampoco neither
tan as, so
tanto, -a as much/as many as
tarde late
la tarde afternoon
la tarjeta card
el/la taxista taxi driver
te you (fam.)
la tele TV
el tema theme, topic
temprano early
tener (g) (ie) to have
tener que + inf. to have to
tercero (tercer), -a third
terminar to end, to finish
el término end
el testamento will
el/la testigo witness
ti you
el tiempo time; weather
la tienda store
la tierra earth, ground
el tipo type
el título title
la toalla towel
tocar to touch; to play (instruments)
todavía still, yet
— no not yet
todo, -a all
todo el mundo everyone, everybody
todos, -as everyone
tomar to take; to drink
—le a uno el pelo to pull someone's leg, to be joking
tonto, -a foolish

el **tópico** topic

la **tortilla** flat Mexican corn cake

la **tortuga** tortoise, turtle

    cuello de — turtleneck (shirt, sweater)

la **tos** cough

trabajar to work

el **trabajo** work, job

la **traducción** translation

traer (g) to bring

la **traición** betrayal

traicionar to betray

el **traje** suit

el **transporte** transport, transportation

tratar to treat

    — de + *inf.* to try to

    ¿de qué se trata? what's it about?

travieso, -a mischievous, naughty

trece thirteen

treinta thirty

triste sad

la **tristeza** sadness

tropezar (ie) to trip

el **trópico** tropic(s)

tú you *(fam. singular)*

tuyo,-a your, yours

U

último, -a last

uno (un), -a a; one

unido, -a united

la **universidad** college, university

unos, -as some

usar to use

usted (Ud.) you *(sing.)*

útil useful

utilizar to use, to utilize

V

valer (g) to be worth

válido, -a valid

valiente brave

el **valor** worth, value

variar (í) to vary

el **vecino, la vecina** neighbor

veinte twenty

el **vendedor, la vendedora** vendor, salesperson

vender to sell

venenoso, -a poisonous

venir (g) (ie) to come

ver to see

    te ves muy bien you look very nice

el **verano** summer

verdad true, right

la **verdad** truth

verdadero, -a true, real

verde green

las **verduras** vegetables

el **vestidor** dressing room

vestir (i) to wear

    —se to get dressed

vez, *pl.* **veces** time, occasion

viajar to travel

el **viaje** trip, voyage

la **víctima** victim

la **vida** life

viejo, -a old

los **viejos** elderly

vigilar to watch over, to keep an eye on

vivir to live

vivo, -a alive

el **vól(e)ibol** volleyball

volver (ue) to return, to go back

    — a + *inf.* to do (something) again

la **voz,** *pl.* **voces** voice

Y

y and

ya already; now

    — no no longer, not anymore

    — que since

el **yeso** plaster

yo I

Z

la **zapatería** shoe store

la **zona** zone

la **zoología** zoology